SHODENSHA SHINSHO

詞と曲に隠された物語

昭和歌謡の謎

合田道人

祥伝社新書

はじめに

私が社団法人（現・一般社団法人）日本歌手協会の理事に任命されたのは、平成11（1999）年4月1日。まだ30代だった頃のことである。会長に田端義夫《たばたよしお》、副会長が「リンゴの唄」の並木路子《なみきみちこ》とペギー葉山《はやま》、理事長が青木光一《あおきこういち》。理事には松田《まつだ》トシ（のち敏江《としえ》）、大津美子《おおつよしこ》らの大ベテランから、北島三郎《きたじまさぶろう》、橋幸夫《はしゆきお》、森進一《もりしんいち》らそうそうたるメンバーだった。

おそらくそんな中で先輩たちが、「歌手としてのヒット力は乏《とぼ》しいけれど、私たちの大事な曲を次世代に伝えてくれるのはこいつだろう」という先見の明（？）で私を理事に推《お》してくれたのだと思う。

あれから20年近く……。

今では故人になった先輩歌手などに直接いろいろな話を聞く機会に恵まれたし、毎年秋に行なわれる「歌手協会　歌謡祭」の構成や司会も十数年続けさせていただいている。「歌謡祭」「歌謡フェスティバル」は毎年、チャリティー目的で2日間、昼夜2回の計4回、その4回もそれぞれ出演者を替えて、のべ200人近い歌手たちが集《つど》う会である。

若手の歌手も何人かは出演するが、そのほとんどは昭和歌謡とよばれる、昭和のスターたちである。五木《いつき》ひろしや八代亜紀《やしろあき》、森口博子《もりぐちひろこ》、森昌子《もりまさこ》などなど、現役の歌手たちももちろん参加するが、その中には90歳を迎えた青木光一や菅原都々子《すがわらつづこ》ら伝説、レジェンドともいうべき大ベテランはもちろん、〝ああこの歌、思い出すな〜〟といったレア歌手まで、歌謡曲からジャズ、ポピュラー、フォーク、オペラ、童謡、民謡まで各ジャンルの歌手が揃う一大イベントだ。

毎回テーマを考えて、私は出演交渉をする。

「こういう理由でこの歌を今回は歌ってください」とお願いするのである。

今、若者たちの間で昭和歌謡というジャンルがもてはやされている。

50代以上の人たちが、「今の歌はどうもわからん」「何を歌っているのか詞が聞き取れない」と嘆いているのなら、「それは年齢のせい！」というだけで片付けていいのだが、10代〜20代の若者が、「昭和の歌は新しい」「心に刺さる歌は昭和生まれの歌」という感想を漏《も》らしている。

考えてみれば、面白い傾向だ。

たとえば若い新入社員が上司や先輩とカラオケに行くとき、「拍手が多いから」と歌われるのは、「天城越《あまぎご》え」だったり「贈る言葉」「居酒屋」だったり、けっこう昭和生まれの歌が多いのだ。

私は『童謡の謎』シリーズを書き始めた頃、「今や童謡は老謡」と、高年齢層の人々が読むだろうと考え、字を大きくして発刊したが、「字が大きいのが読みやすい」と活字離れが始まった若者たちにも読まれ、「ずいずいずっころばしってこういう意味なんだって」「しゃぼん玉の歌って、♪やねまでとんでこわれてきえた……は、子どもの命が凝縮されているんだって」などと会話されるようになっていった。

だから昭和歌謡は、決して古いものではない。

昭和の63年の歴史の中で、数多くの歌が生まれて消えた。大ヒットしながら、その後に歌われることなく忘れられていった歌もあれば、永遠の命を授《さず》かった歌もある。

反対に発表当時は、それほどまでの売上枚数ではなかったが、その後歌い継がれるうちに誰も知らぬ者がないヒット曲になっていったケースもある。

蓄音機《ちくおんき》やステレオがまだ普及していなかった時代は、2～3万枚も売れればその年の大ヒット曲に数えられた。しかし普及後は事情が違う。たとえば今や若者も知る、あの石川《いしかわ》さゆりの「天城越え」はオリジナルコンフィデンス調べによると、売上は4・8万枚なのだ。前々作の「波止場《はとば》しぐれ」が約13万枚、次作の「夫婦善哉《めおとぜんざい》」も約20万枚売れているから、当時としては売上がガクンと下がった歌だったのである。

しかし、それからこの歌は彼女の代表作となり、生き抜き、昭和歌謡の鉄板となる。歌い継がれる生命力を持った歌こそが、時代を作る歌になるのである。

そんな難しい話はいいのである。

昭和歌謡とよばれる歌たちには、作られた経緯や時代、そして歌い継がれたゆえに生まれてくる謎や不思議がある。

ふと口ずさむ歌たちの裏側にあるドラマを探し、謎解きをしてみたくなった。

さあ、あなたも一緒に鼻歌を歌いながら、その裏側に迫ってみよう。

合田　道人（ごうだ・みちと）

目次

レコードジャケット写真／著者所蔵

「去りゆくあなた」は、卒業生ではなかった

贈る言葉

海援隊

作詞／武田鉄矢　作曲／千葉和臣　1979年

●卒業式の定番ソングだが……

私はBSジャパンで毎週放送されている「武田鉄矢《たけだてつや》の昭和は輝いていた」のゲスト出演によく声をかけていただくが、ある日の収録の回のテーマは〝別れの歌〟(2018年3月9日放送)だった。昭和歌謡の別れの歌を特集し、その時代背景などをお話しした。

〝別れの歌〟と言われて、すぐに思い浮かぶ1曲が海援隊《かいえんたい》の「贈る言葉」である。

今でこそ卒業式の定番ソングのひとつになったが、この歌がヒットするまで、学校の卒業式で歌う曲といえば「蛍《ほたる》の光」であり「仰《あお》げば尊《とうと》し」が決まりだった。それが武田鉄矢主演のテレビドラマ「3年B組金八《きんぱち》先生」(TBS系)の高い人気から、その主題歌だったこの「贈る言葉」が巣立ちの歌として卒業式に登場することになったのである。

ところが鉄矢本人に聞き、驚きの事実が……。

なんとあの歌は、卒業のための別れの歌ではなかったというのだ。

♪去りゆくあなたへ

と、贈った言葉。その〝あなた〟とは、卒業生ではなかったというのである。

鉄矢は言う。

「実は主題歌がずっとできなくて、この歌が流れるタイトルバックはもう撮り終わっていたんだよね。タイトルバックは荒川《あら》の土手をずっと歩く金八先生で。でも歌ができていなかったんですよ。そのうちに放送開始ギリギリになってしまったんです」

今や日本を代表する俳優になった武田鉄矢は、「母に捧げるバラード」で昭和49（1974）年の「紅白歌合戦」に選ばれるほどの人気者になったものの、その後ヒットは続かなかった。

本人曰《いわ》く、

「翌年の大みそかは、もちろん『紅白』なんておよびもかからず、実は夫婦そろって皿洗いのバイトをしなければならないほど人気が低迷したんだよね。テレビから流れる『紅白』を横目で見ながら、俺はこんな所で何をやっているんだと、落ち込んでいたよ」

それが昭和52（1977）年、「男はつらいよ」の山田洋次《やまだようじ》監督から声がかかる。俳優の道のスタートだった。高倉健《たかくらけん》、倍賞千恵子《ばいしょうちえこ》主演の映画で、桃井《ももい》かおりの恋人役のさえない青年に抜擢《ばってき》されるのである。北海道を舞台にした「幸福《しあわせ》の黄色いハンカチ」だった。

「札幌まで飛行機に乗って、そこから夜汽車に乗ってロケ地まで行くんですよ。高倉健さん？　そう言われても、どういう状況に置かれているのかも分からない。こっちは売れなくなったフォーク歌手なわけだから。汽車の窓からぽつんと見える家の灯《ひ》が悲しくって怖くってね……」

しかし、それが人生を変えた。俳優・武田鉄矢のスタートがそこにあった。

映画の好演で注目を浴びた鉄矢は、その後いくつかのテレビドラマに出演、そして運命のドラマ「金八先生」に巡《めぐ》り合うのだ。

●ふられた悲しみがちりばめられている

昭和54（1979）年10月から翌年の3月まで放送されたこのドラマは、回を追うごとに視聴率を上げて、最終回には40％近い驚異的な数字を叩き出したのである。

杉田《すぎた》かおるが演じた中学生の妊娠をはじめ、衝撃的なテーマが扱われ、生徒役だった田《た》原俊彦《はらとしひこ》、野村義男《のむらよしお》、近藤真彦《こんどうまさひこ》の〝たのきんトリオ〟が誕生した。鉄矢演じる桜《さくら》中学の坂《さか》本《もと》金八先生がひとつひとつの事件や問題に親身になって向き合ってゆく、その〝理想的な先生像〟が老若男女問わず支持され、〝金八ブーム〟はそのまま〝武田鉄矢ブーム〟とさえ言われた。

その主題歌が「贈る言葉」だったわけだ。

これは鉄矢がアルバム用に3編の詞を書き、それに海援隊の中牟田俊男《なかむたとしお》と千葉和臣《ちばかずおみ》が競作で曲を付けたところから始まる。千葉はその3編の詞に曲付けしたが、そのとき、3曲以外に詞とは関係なくメロディーだけを吹き込んでテープに入れていた。

「FMラジオを聞いていたら、映画『エデンの東』のテーマ曲が流れてきて、それに誘発されてできた曲が『贈る言葉』になったんです」

と、千葉は言う。

確かに1955年公開のアメリカ映画、ジェームズ・ディーン主演の「エデンの東」の音楽に、出だしが似ているといえば似ている。

そのメロディーに鉄矢は早速、詞を付け始める。

「ジェームズ・ディーンって、すべてを捨てて旅立つ、さよならの結晶、さよならの化身《けしん》みたいでしょ？　そんなことを思い描いて詞を書きましたよ」

♪暮れなずむ町の　光と影の中
去りゆくあなたへ　贈る言葉……

「僕はこの詞の中で、自分を褒《ほ》めてあげたいと思うところは、♪人は悲しみが多いほど人には優しくできるのだから……という箇所ですね」

実は自分の過去の悲しい経験が、ペンを走らせたというのだ。

「故郷の福岡の大学に入って、そうだなあ、3回、いや4回は恋したかなあ？　失恋したな。ふられた悲しみがあの詞を生んだんです。そういうよいろんな悲しみが、あの歌にはちりばめられているんだよね。天神《てんじん》（福岡・博多《はかた》の繁華街）で、好きになった女性にしつこく迫って手を握ったら、ちょっと変態扱いされちゃってさ。『大きい声ば出すとよ！』、そのうちに『警察よぶとよ！』って言われちゃって。さすがに手を離したよ。離したとたん、その女の子、ものすごい勢いで去っていっちゃった。それをじーっと見つめながら……ね。その彼女が、去りゆくあなた……ですわ。いかなる悲惨な恋愛も、思いによっては美しい恋唄になる。別れの歌になる。まあ、そんなもんですわ……。ハハハハ……」

と、鉄矢は自虐的に笑った。

卒業のための歌ではなく、失恋の歌だったのである。

♪はじめて愛した　あなたのために
　飾りもつけずに　贈る言葉

「ああ、それからもうひとつ、女房との思い出を話しちゃおっか。結婚して何年目かな？3年目ぐらいだったかな？　何かで大喧嘩《おおげんか》になってね。女房に向かって、こう言ったの。『俺は酒もタバコも多いから、きっときみより先に死ぬだろうよ。でも俺が死んだあとになって、きみは残りの人生の中で俺のことを思い出すだろう。ああ、あの人ほど私を真剣に愛してくれた人はいなかった……って』。すると女房はワーッと泣き出して、俺に謝った。そのときの思いも詞になってますよ」

♪だけど　私ほど　あなたの事を
　深く愛した　ヤツはいない

いろいろな思いが交差して、「金八先生」のドラマ開始ギリギリに、この歌が生まれた。「それでも、『この歌、ドラマに合いませんよ』なんて言われちゃって。だけど、もう間に合わなくってさ……」

ドラマスタート。視聴率上昇とともに、発売翌年に当たる昭和55（1980）年になると歌も浸透する。卒業時期にはこの歌を歌って学び舎《や》から巣立ってゆく人々が激増した。そして、その年の暮れには「日本レコード大賞」で作詞賞を受賞するのである。

「あの年は、作詞賞が西條八十《さいじょうやそ》賞という名称でした。うれしかったですね」

そして「紅白歌合戦」にも6年ぶりにカムバック、悲しみのばねは喜びになった。夫人とともに大喜びしたはずだ。

ドラマ「金八先生」は、その後シリーズ化され、連続ドラマで8シリーズ、1話完結のスペシャル版が11回、そして最後のファイナル版が平成23（2011）年3月に放送されて32年にわたる歴史の幕を閉じた。

坂本金八はこの日をもって定年退職。卒業式が終わった体育館で、去りゆく金八先生に生徒たちから感謝の言葉が贈られる。荒川の土手をとぼとぼ歩き、遠ざかる金八先生の後ろ姿を、この歌が包んだ。

公害が生んだ「わが島」の歌

瀬戸の花嫁

小柳ルミ子

作詞／山上路夫　作曲／平尾昌晃　－1972年

●日本の戦後にピリオドが打たれた年のヒット曲

香川県高松《たかまつ》駅のプラットホーム。何度もあのメロディーの演奏が流れてくる。小柳ルミ子が歌って大ヒットした「瀬戸《せと》の花嫁」だ。

この歌が流行《はや》った頃、子どもたちはよくこの歌を替え歌にして歌っていたことを思い出す。当の僕も子どもだった……。

♪瀬戸（ワンタン） 日暮れ（てんどん） 夕波こな（みそラーメン）……。

よく昔から、

「替え歌ができるほど、その歌は人々に浸透している証拠だ」

と、言われる。それほどまでにこの歌は巷《ちまた》に流れ、子どもから大人まで口ずさんでいた。

昭和47（1972）年のことである。この年はある意味、日本の戦後にピリオドが打たれた年だったと言える。

沖縄がアメリカからやっと日本に返された。戦後ずっと断絶していた中国との国交が結ばれ、パンダのランランとカンカンが友好のしるしに送られてきた。

グアム島のジャングルで戦後28年もの間、ひとり生きながらえてきた元日本兵・横井《よこい》庄一《しょういち》さんが発見され、「恥ずかしながら帰ってまいりました」の第一声が流行語になった。札幌《さっぽろ》で冬季オリンピックが開かれ、世界の目が日本に集まっていた。

そんな年に生まれた歌が、よき日本、よき故郷を歌った歌「瀬戸の花嫁」だった。


小柳ルミ子は前年、国鉄（現・JR）のCMで話題をよんでいた「ディスカバー・ジャパン」キャンペーンの「美しい日本と私」、つまり〝もっと日本を見つめ直そう〟という気流にのって、抒情的《じょじょう》で純和風な歌謡曲「わたしの城下町」でデビューを飾った。

それは、またたく間に100万枚を突破するセールスを示し、その年に発売された全レコードの中で最大のヒット曲に育った。無名だった新人が、いきなりトップ歌手に躍り出たのだ。年末には当然のごとく「レコード大賞」の最優秀新人賞はじめ数々の音楽賞を総ナメ。大きな期待をかけられ、新しい年を迎えていた。

しかし同時に、世に言う、

「〝2年目のジンクス〟で伸び悩むのではないか？」

という危惧《きぐ》も出てきた。

デビューの年は、まずは新鮮さが肝心。しかし、2年目からはそこに実力とより一層の輝きを提供していかなければならない。そんなときに出来上がった歌こそが「瀬戸の花嫁」だったのである。

当時のルミ子の現場マネージャーだったS氏は、この7年後に17歳で歌手としてデビューすることになる私の担当マネージャーでもあったが、彼はよくこんな話を聞かせてくれた。

「レコーディングで前奏を聞いたとき、〝ピューヒュー〟というかもめが啼《な》く声のようにスチールギターが演《や》ってるんだけど、その音聞いただけで、これで絶対いける！　と確信したね」

彼の予想はみごとに的中した。2年目のジンクスどころか、この歌で小柳ルミ子は一躍、日本を代表する国民的歌手へと翔《はばた》いていったのである。

「日本歌謡大賞」のグランプリを、まだ新人の部類に入るこの時点で、他を圧して文句なく受賞。対抗馬なし！　という下馬評の中、大みそかに発表される「レコード大賞」も九分九厘内定と囁《ささや》かれていた。

結局「レコード大賞」は、ちあきなおみの「喝采《かっさい》」（後出）がどんでん返しで決まるのだが、この「瀬戸の花嫁」、今では歌謡曲というジャンルを超え日本の愛唱歌、新しき童謡という風情《ふぜい》まで漂《ただよ》わせている。

そんなことからか、ときたま私の「童謡コンサート」でも選曲される1曲になっている。私のコンサートは童謡をただ聞かせたり歌ったりするのではない。みなさんに読んでいただいた著書『童謡の謎』を基《もと》にしたコンサートだ。

だから「『ずいずいずっころばし』って何？」とか「『七つの子』ってカラスが7歳の歌？　7羽の歌？」、「『月の沙漠《さばく》』の沙漠ってどこ？」、「『あんたがたどこさ……煮てさ焼いてさ食ってさ』って残酷」などなど、そういえばあまり真剣には考えてこなかった童謡、唱歌、わらべ歌の謎解きをしながら進めるコンサートだ。

「瀬戸の花嫁」を歌ったとき、こんな質問が飛んだ。

♪瀬戸は日暮れて　夕波小波
あなたの島へ　お嫁にゆくの……。

一体、この花嫁は瀬戸内海に浮かぶ、どの島からどの島へ、お嫁に行ったのだろうか？

私もこの歌が流行っていた小さいときに、ちょっと不思議に思ったことを思い出した。

♪あなたの島……

とは、どの島を指すのだろうか？

確かにこの歌の中には、どの島からどの島へと嫁《とつ》ぐということは、具体的に歌われていない。でも特定の島が想定されてできた歌なのだろうか？

ひょっとしたら、この歌ができた経緯《いきさつ》を調べればヒントがつかめるかもしれない。

●瀬戸内海を赤く染めたのは、夕焼けではなく……

ある日のことである。小柳ルミ子は恩師の作曲家、平尾昌晃《ひらおまさあき》やスタッフと雑談していた。20歳になったルミ子に向かって、平尾は何気なくこう聞いたという。

「ルミ子は、いつお嫁に行くの？」

それに対して、ルミ子は、

「私はいつまでも歌っていたいから、お嫁には行かないんです」

と、発言したというのだ。

今や熟女の雰囲気むんむんの彼女も、当時は宝塚《たからづか》歌劇出身の清純ムード。後年、〝恋多き女〟などと言われるずっとずっと前の話である。

それに対して即座に平尾は、こう答えた。

「そうか。じゃあそれならいっそのこと、ルミ子を歌の中で結婚させてしまおう」

そんな雑談の間でこの曲の発想は湧《わ》いた。

早速、作詞家の山上路夫《やまがみみちお》にその旨《むね》を伝え、新しい詞が発注された。

山上は戦後すぐに日本人に夢を与えた歌のひとつ、平野愛子《ひらのあいこ》の「港が見える丘」や「君待てども」を作詞作曲した東辰三《あずまたつぞう》の息子である。

父親が亡くなった当時、まだ中学生だった山上は、その後、雑誌などのライターを経《へ》て父と同じ音楽の道を歩み、「世界は二人のために」「夜明けのスキャット」「翼をください」などの大ヒット曲を続々と送り出して、その当時もっとも脂《あぶら》の乗り切っていた作詞家のひとりであった。

数日後に出来上がった作品は、2編あった。

「瀬戸の夕焼け」と「峠の花嫁さん」。

「峠の花嫁さん」のほうは、それこそ馬に揺られてお嫁入り……といったイメージで、童謡「雨降りお月」の世界にも通じるもの。

一方、「瀬戸の夕焼け」は文字どおり、瀬戸内海をキラキラと照らす夕景を綴《つづ》った詞だった。どちらもいい作品に仕上がってはいたが、何かひとつタイトルがピンとこない。

「ああでもない、こうでもない……と、みんなで話し合っているうちに、〝これをふたつにつなげたら、『瀬戸の花嫁』だね〟ってことになってね。〝それがいい〟ってことで、まずは題名が決まったんだよ」

2017年に亡くなったこの歌の作曲家、平尾昌晃から直接聞いた話である。

東京出身の山上路夫は、なぜ瀬戸をテーマに詞を書こうとしたのだろうか？伺《うかが》った。

「瀬戸の歌を書こうと思ったのは、仕事で四国に行く途中のこと。飛行機の窓から海を見ると真っ赤だったんですよ」

「それが、瀬戸の夕焼けだったんですね？」

と私が聞くと、山上はこう答えた。

「いいや、違うんだよ。その赤は赤潮だったんだね。美しい日本の景色が公害のために汚されていたんだ」

ちょうど公害が深刻化していた時代だった。

昭和43（1968）年には、水俣病《みなまた》、イタイイタイ病などが公害病と認定されていた。プランクトンの異常発生によって引き起こされる赤潮の被害もまた増大していた。その原因は海に流される工場廃水である。赤潮を引き起こすプランクトンの種類は300ほどあるのだが、その中の20種ほどが魚介類や人間に影響を及ぼす。

たとえば、この歌が作られる2年前の昭和45（1970）年の瀬戸内海における赤潮の発生件数は79件だったが、この歌が発売された昭和47年になると、その数は164件に倍増している。この歌が大ヒット中だった7月には、養殖ハマチ1400万尾が斃死《へいし》（動物が突然死ぬこと）するニュースが流れ、被害金額が71億円にまで上るという史上最悪の被害を受けているのだ。

その重大な被害を目の当《ま》たりにし、美しい海をよみがえらせたいという思いこそが、底辺にある〝日本を見つめ直そう〟につながってゆく。

これは時代を象徴する歌でもあった。

それまでの見合いや親が決めた許婚《いいなずけ》による結婚が、自由な結婚、恋愛結婚へと徐々に変わっていった時代でもある。よしだたくろう（のち吉田拓郎）が「結婚しようよ」でセンセーショナルに登場するのも、「瀬戸の花嫁」と同じ年である。

美しい海を汚染する深刻な問題の赤潮と、自由な恋愛結婚の時代が重なり、山上は瀬戸内海をテーマにルミ子を歌の中で嫁入りさせたのである。

●段々畑のある島とは？

瀬戸内海は中国、四国、九州地方に囲まれた東西に細長い海である。

淡路《あわじ》島や小豆《しょうど》島などの島々と周防《すおう》灘など8つの灘からなり、東は紀伊《きい》水道、鳴門《なると》海峡、西は関門《かんもん》海峡、豊後《ぶんご》水道によって外界に通じる。長さ（東西）が約４５０キロメートル、幅（南北）が55キロに及ぶ、広い海だ。

果たしてこの海に、いくつの島が存在するのだろうか？

山上路夫は、「どの島からどの島へとは特定していない」と話してはくれたものの、もしこの歌が特定の島から島への歌だったら、一体どこからどこへの歌だと考えられるのだろうか。

この歌詞をよく見ていくと、いくつかのヒントは隠されているのだ。

まず第一に瀬戸内海に浮かぶ数ある島の中で、有人島から有人島に嫁《とつ》ぐということで絞《しぼ》ることができる。

さらに1番には、

♪段々畑と　さよならするのよ……

と、あるので、生まれた島には段々畑があったことになる。

段々畑とは山や丘の斜面に階段の形に作った畑のことである。農地面積が狭い島や山間部ではよく見られる光景だ。瀬戸内海は中国山地と四国山地に囲まれているため、気候は温暖で穏やかだ。そのため果物や野菜や花などが、段々畑で作られるようになった。

だから段々畑がある島など数えたらきりがない。

なんと、瀬戸内海に浮かぶ島はおよそだが、1000にも上《のぼ》ってしまう。

小豆島が属する香川県の瀬戸内海の島だけを見ても、無人島が92島に対し有人島は24島だけとはいえ、どの島からお嫁に来たのかを絞り込むのは並大抵のことではないのだ。

つまりこの歌は、どの島と特定していないだけに、島に暮らす人々にとって誰もが自分の島の歌だと自慢できたのかもしれない。確かに「この島の歌」と断定していないため、住んでいる人たちは「うちの島の歌」と言える要素があり、夢と希望がわいてくるのである。

けれどひとつ解《げ》せないことがある。

それは、

♪若いと誰もが　心配するけれど……

と、いう箇所である。

♪若いと誰もが　心配する……

年齢とは一体どのくらいなのだろう。

この歌がヒットした昭和47年の、全国の平均初婚年齢を調べてみると、男性が26・7歳、女性は24・2歳である。

つまり、これより若い嫁入りだったということだろう。歌ったルミ子は、このレコードが発売された4月10日時点で、まだ19歳。大ヒット中だった7月2日に20歳の誕生日を迎えた。

これでは、やっぱり

♪若いと誰もが　心配する……

のは当たり前ということになろうか。

そんな中で、とうとうこの島こそが、「瀬戸の花嫁」の舞台であるという場所が出現した。

●花嫁衣裳で島へ渡る姿が今も見られる

「ああ、確かに今でも数年に1回、瀬戸の花嫁を実際に見ることができるんだよ……」

そう話を聞いたのは、それこそ香川県は小豆島からほど近い小さな島、沖之島《おきのしま》でのことだった。おもに漁業で生計を立てる20世帯、75人ほどの島民が住んでいる小さなこの島は、土庄町《とのしょうちょう》小江《おえ》地区から約100メートルの海峡を隔《へだ》てたところにある。

高松港から瀬戸に浮かぶ島々を見つめながら高速フェリーで約30分で土庄港に着く。石川さゆりの「波止場しぐれ」に歌われる土庄港だ。

フェリー乗り場の横には、「波止場しぐれ」の歌碑もある。ここから北西にのびる県道253号線を走ると、〝ゲタ干《ぼ》し（舌平目《したびらめ》の天日干し）風景〟が冬の風物詩になっている小江地区に入る。

ここに着くと「まさか！」と思うほど、近くに沖之島が見える。

確かに100メートルなのだから、歩いても行ける距離の海上に有人島が浮かんでいるということだ。しかし歩いては渡れない。

ここが「瀬戸の花嫁」の舞台だというのか？

小江の漁港付近に、「渡船のりば↓」という小さな看板がある。

学校へ通う生徒や病院へ通う老人などの貴重な交通手段の渡し船が、あの島に渡る唯一の交通手段なのである。細い路地を入ると、その先にひとりの船頭さん。

「沖之島へ行ってくれますか？」

ここは潮の流れがとても速い海峡で、「小江の瀬戸」「乾《いぬい》の瀬戸」などというよばれ方をしている。発動機付きの船はあっという間に島へ運んでくれる。1分も経《た》っていないような気がするほど短い時間での到着だ。港に着くと船はまた小江に向かって帰っていった。

漁船が並び、漁村風景を感じられる港。しかし、帰りの船はない。「どうやって戻ればいいのだろう？」と、ちょっと不安になった。

ここから小豆島へ、花嫁衣装のまま船頭さんの操《あやつ》る船に揺られ嫁ぐ女の子が、今でも数年に1回見られるというのだ。

確かに、

♪島から島へと　渡って行く……

光景ではある。

「昔は発動機付きの船じゃなかったけんね。ぎっちらぎっちらと船頭さんの櫂《かい》に揺られて、小豆島へ渡るんだよ。あの歌を聞いたとき、〝ああここの風景を歌ってるんだな〟って思ったたねえ」

そう話してくれたのは、漁港にいたおばちゃんたちだった。

♪入江《いりえ》の向こうで　見送る人たち……

が見えなくなる前に、お嫁さんは小豆島に着いてしまうだろう、と思うには思うのだけれど……。

「帰りの船はどうするんですか?」と尋ねたら、「乗り場に立っていたら来てくれるよ」。

乗り場に立ち向こう岸を眺《なが》めていると、本当に船がこちらに向かって動き出した。

その懐かしさ、のどかな雰囲気は、まさに「瀬戸の花嫁」にぴったりの島だと言って過言ではない。

♪岬まわるの　小さな船が……

この船では岬を回って小豆島には入らないが、たとえばテーマパークの「二十四の瞳映画村」あたりに嫁ぐならば、岬を回ることになる。

●本人が訪れていた

しかしもうひとつ、「ここぞが瀬戸の花嫁の舞台」とされている島があったのである。

それは、高松港（サンポート）からフェリーで20分、北々東約4キロの海上にある細長い島、女木《めぎ》島だった。

この島には、桃太郎伝説が残る。現存する洞窟《どうくつ》が、鬼の隠れ家であったと言われている場所だ。まさか鬼ヶ島に嫁いでいく歌だったというのか？

桃太郎のおとぎ話は姫、つまり女性が鬼にさらわれていくのだ。

これは一大事である。

♪若いと誰もが　心配する……

など、そんな悠長《ゆうちょう》なことは言ってはいられなくなる。ちょっと不気味な話になってきた。だが、真相は違う。

この鬼ヶ島こと女木島から北に約1キロ、フェリーで20分ほどで男木島《おぎ》という島に到着する。実は「瀬戸の花嫁」は、ここ男木島から女木島へ嫁ぐ様子を歌っているというのである。

女木島の桃太郎伝説に対し、男木島には海幸山幸《うみさちやまさち》伝説が残っている。ここには山幸彦を祀《まつ》る加茂《かも》神社と、豊玉姫《とよたまひめ》を祀る豊玉姫神社がある。私は『神社の謎』シリーズも刊行しているが、日本最古の書とされる『古事記』には、海の神の娘、豊玉姫と山幸彦は結ばれ子を生《な》し、その子の子、つまり孫が初代天皇、神武《じんむ》天皇になるという神話がある。

男木島に残る伝説とは、山幸彦と豊玉姫はこの島にある神井戸《かみいど》という場所で出会い恋に落ち、そしてこの島で子どもを出生したとされるものだ。そのためだろう。古くからこの島は結婚の幸福や出産の安泰にご利益があるとされ、結婚のときは豊玉姫神社まで行列して参拝する風習があった。

そして、この男木島と女木島の男女は結ばれるケースが多かったそうである。というのも、明治23（1890）年から昭和31（1956）年まで、このふたつの島を合わせて雌雄《しゆう》嶋《じま》村というひとつの村とされていた。だから男木島と女木島は同じ島とみなされていた。つまり男木島と女木島の男女が結ばれるのは、形の上では島内での婚姻ということになるが、

♪島から島へと　渡ってゆく……

ことに変わりはないのである。

さらにあるひとつの出来事が、〝「瀬戸の花嫁」の舞台はここ！〟と決定づけたのである。なんと、小柳ルミ子がこの歌のレコード発売キャンペーンのために、女木島を訪れた映像が残されていたのである。

それはニュース映画と言われるものだ。〝2年目のジンクス〟を吹き飛ばすために、瀬戸の島へ本人が行く話題作りをしていたのだ。

男木島ならぬ高松からフェリーに乗り、女木島で下船するシーンを、先に島に到着していたカメラマンが撮影した。ルミ子やスタッフたちが、「この島こそが歌の舞台だ」とイメージ作りしたことで、「瀬戸の花嫁」がお嫁入りした島はここであると定着させていた

のである。そうなれば、女木島に嫁いでくるのは山幸彦と豊玉姫の結婚と出生の伝説が残る男木島からだ、ということになったわけだ。

だが瀬戸内海の島に住む人たちには、誰もが〝自分たちの島の歌だ〟と胸を張る。たとえルミ子本人が女木島でニュース映画を撮ったとしても、〝それはたまたま、そこで撮影しただけのことだ〟と確信している。だからこそ〝私たちのふるさとの歌〟として、ひとつの歌が童謡、抒情の傑作として歌い継がれた。

平成29（2017）年10月30日、東京・青山《あおやま》葬儀場でこの歌を作った平尾昌晃さんのお別れの会がしめやかに行なわれていた。

ルミ子はじめ40人ほどの有志の歌手たちが立ち上がり、遺影に向かって歌い出した。

♪別れ告げたら　涙が出たわ……。

「ちゃんと歌えずに許してください。〝泣き虫ルミ子〟をこれからも見守ってください。これからも大切に歌っていきます」

ルミ子は天を仰《あお》いだ。

「洗い髪が冷えるまで恋人を待たせた銭湯」は実在した

神田川

南こうせつとかぐや姫

作詞／喜多條 忠　作曲／南 こうせつ　1973年

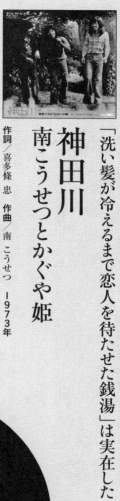

●作詞家は私の恩師

私は北海道出身者である。妻も同じ道産子《どさんこ》で私が大学を卒業して上京し、妻もほぼ同時期に東京にやってきたが、彼女の当時の口癖は、

「大好きなこうせつ（南《みなみ》こうせつ）の歌の舞台、神田川が見える場所に住んでみたい」

だった。

できれば歌詞のとおりに、

♪窓の下には神田川……

がいいと思っていたらしい。神田川からほど近い場所には住み出したが、

♪窓の下には神田川……

が、流れていたわけではなかった。

あれからもう30年以上経《た》つ。ふたりはとうとう「神田川」が見える場所には住まなかったが、どういうわけか、今頃になってふたりで先日の休日に「神田川」の歌碑がある場所を訪ねた。

その歌碑の近くには、歌詞に出てくるお風呂屋さんも三畳一間の小さな下宿ももう存在していない。けれどそこには、青春のあとが残されていた。

東京都三鷹《みたか》市にある井の頭恩賜《いかしらおんし》公園内の井の頭池を源《みなもと》とし東へ流れ、両国《りょうごく》橋脇で隅《すみ》田《だ》川に合流する神田川。距離にして24・6キロ、東京における中小河川としては最大規模の川である。御茶《おちゃ》ノ水《みず》駅近くの聖橋《ひじり》がかかっているのも神田川だ。

だから北海道に住んでいた私たちにとって、神田川の範囲が25キロほどの距離もあるなどとは知らなかったし、神田明神あたりをイメージしていたかもしれなかった。

数年前に「神田川」の歌碑ができたと聞き、一度訪ねてみようと思いながら、とうとう今回まで足を運ぶ機会を逸《いっ》していた。

「神田川」の作詞家、喜多條忠《きたじょうまこと》とは東京に来る前から実は縁があった。

私のデビュー曲「釧路にて」は私の作詞作曲なのだが、17歳でレコードデビューするとき、幼い少年の詞を補作し、一緒に作ってくれた先生なのである。

♪あなたと離れた四つの季節
見送るたびにこの手のひらで
とどかぬ思い　見つめてました……。

確かに17歳には到底書けそうにもない詞が、デビュー曲の随所に登場する。作詞は合田道人・喜多條忠と連名にしてくれ、2作目の「夏の雲」は、私が大学受験中だったため作品が作り切れずに、喜多條さんの作詞で歌った。平成24（2013）年、喜多條さんの新しい詞「やさしいダイヤモンド」に私が曲を書き、「青春の城下町」などのベテラン歌手、梶光夫《かじみつお》の歌で発売され、35年ぶりにコンビでの新作づくりができたことに喜びを感じたものだ。

そんな先生に、ある会のお正月のパーティーでお会いしたときである。

「先生、『神田川』の歌碑が中野《なかの》にあるらしいけど、そこに本当にお風呂屋さん、あったの？」

と聞いたら、

「違う、違う」

それから数日後に電話を入れ、名作「神田川」のふるさとを歩き出すことにしたのである。

●「三畳一間の小さな下宿」を発見

昭和48（1973）年、南こうせつとかぐや姫がリリースしたこの歌は、いきなりヒットチャートのトップに躍り出て、新しいフォークのスターになった。

よしだたくろう（1975年から吉田拓郎）、井上陽水《いのうえようすい》と、当時のフォークソングの人気歌手はテレビの歌番組には出なかった。だからまだ小学生だった私たちは、彼らを身近には感じなかった。

しかし、かぐや姫は当初、「学生街の喫茶店」のガロや「白いギター」のチェリッシュ、「さよならをするために」のビリー・バンバン、「心の旅」のチューリップらとともに、テレビに出演するフォーク歌手だった。翌年ヒットする武田鉄矢の海援隊、さだまさしのグレープなどもこれに倣《なら》っていたものだ。

昭和48年といえば、原油価格高騰で石油危機が日本を襲った第一次オイルショックの年だった。トイレットペーパーや洗剤などの買い溜《だ》め、売り惜しみ、便乗値上げが起こり、市民生活に大きな影響が出た。

そんな中で『同棲《どうせい》時代』が流行する。

結婚前の男女が一つ屋根に生活する愛の巣……。

それは、その時代の少し前には大っぴらにはできなかったことだ。世間の目には〝ふしだら〟としか映らなかった。

若者たちは正義感と情熱のままに〝自由と解放〟の理想を掲げ、学生運動に情熱を傾《かたむ》けていた。それがいつの間にか下火になって、学生運動というもの自体、非現実的であり、観念の世界の中にあるものだということに気づく。若者たちの人生の夢は醒《さ》めた。自由と解放の理想が、結婚と性の意識を変えた。未婚の男女が同棲するという新たな生活の形態が生まれた。

〝同棲〟という言葉が流行り、そんな暮らしぶりをひとつの漫画が一般的にした。上村一《かみむらかず》夫《お》の『同棲時代』である。

それは由美《ゆみ》かおると仲雅美《なかまさみ》の共演で映画化され、主題歌は大信田礼子《おおしだれいこ》が歌ってブームになる。大信田は、

「私は上村先生の大ファンだったから、とても嬉しかったんです。直接、人から〝ふしだらな歌を歌って……〟と言われたこともありません」

と、語った。そうである。〝ふしだら〟と見られた生活は若者にとって憧れの暮らしに変貌していた。さらに「同棲」に拍車をかけたのが「神田川」だったのである。

これは喜多條忠本人の実体験だった。

「神田川」の歌碑の近くに、お風呂屋さんはなかったが、三畳一間の小さな下宿はあったのだろうか？

中野区の大久保《おおくぼ》通りを東に進むと、神田川にかかる「末広《すえひろ》橋」があり、遊歩道脇の公園に「神田川」の歌碑が立つ。

ところが、下宿先はここにあったわけではなかったというのだ。

ではなぜ、ここに歌碑ができたのか？

そこには「神田川」ならぬ桃園《ももぞの》川が関係していた。

桃園川？

桃園川とは、かつて杉並《すぎなみ》区から中野区へと流れていた川である。洪水被害を防ぐために暗渠《あんきよ》化され、現在はその上を住宅街の中を縫《ぬ》うように緑道が通い、最終的に神田川に合流するのだ。

平成6（1994）年に桃園川緑道が整備され、「神田川四季の道」につながった記念にモニュメントとして、この場所に「神田川」の歌碑が設置されたのである。

だから〝三畳一間の小さな下宿〟跡も〝小さな石鹸《せつけん》カタカタ鳴らした銭湯〟も、この近くには存在しない。

神田川沿いの下宿があった歌の舞台は、歌碑よりもっと下流の戸田平橋《とだひら》付近。喜多條が住んでいた「三畳一間の小さな下宿」とは、豊島区高田《たかだ》にあった。

周囲をキョロキョロ見ていたら、通りすがりのおばさんと目が合った。

「ここらですか？　こうせつの歌に出てくる『三畳一間の小さな下宿』があった所って？」

おばさんがうなずいた。今はワンルーム・マンションになり「入居者募集」の広告が貼り出されている。

「ここだったらしいよ」

「確かにここなら、♪窓の下には神田川……だね」

と、妻と話した。

ここに喜多條が住んだ場所があった。愛の巣というものがあったらしい。ここからほど近い場所に早稲田《わせだ》大学がある。喜多條が通った大学である。

●出来上がった詞を南こうせつに電話で伝えた

その頃の大学生といえば学生運動に明け暮れていた。喜多條もご多分に漏《も》れずベトナム戦争反対！　成田空港建設反対！　などとやっていた時期。戸田平橋と源水《げんすい》橋の間にあった早稲田の木造二階建て、三畳間の下宿に同級生の女の子と住んだ。そんな青春時代の情景を綴《つづ》った歌こそが、「神田川」だったのだ。

しかし喜多條は、早稲田大学を2年で中退、文化放送にアルバイトで入った。そこから文化放送専属の若手放送作家として活動を始めた。そんなときに南こうせつと出会う。

新曲のキャンペーンゲストで、かぐや姫が文化放送を訪れたときに出会ったが、1学年下のこうせつとは妙に気が合ったという。

そんなこうせつから突然、詞の依頼があった。

実際は、すでにかぐや姫のためのアルバム曲「マキシーのために」の作詞もしていたが、喜多條曰《いわ》く、

「いいよと答えてから、いつ締め切りなの？　と聞いたら、明日だって言うんだよ。スタジオも押さえられているとね。だけど僕はちょうど前日徹夜していて……でも当時、僕は筆が速いって有名だったからなぁ（笑）」

こうせつと別れて帰宅途中、「神田川」と書かれたプレートを見た瞬間に、あの学生時代の甘酸っぱい思い出が急によみがえった。そのほろ苦い思い出を、新聞の折り込みチラシの裏に書きなぐった。

できた。それをそのまま、電話でこうせつに伝える。メールもLINE《ライン》もない。家庭用FAX機だってない時代のことだ。ところがこうせつはその詞を電話で受け取りながら、最後の行にたどり着いたとき、すでに現在のメロディーは生まれていたという。

「〝貴方《あなた》はもう忘れたかしら〟と、こっちが読む。こうせつがそれを鼻唄でメロディーをつけながら、書きとっていましたよ」

「神田川」は無事に誕生、アルバムの1曲として発売された。こうせつがパーソナリティーをつとめていたラジオ番組でアルバムを全曲放送したところ、この歌だけにリクエストのハガキが集中した。

「それこそ山のように来たんです」

しかし、それはアルバム「かぐや姫さあど」の1曲にしかすぎなかった。

この歌が時代の歌として君臨するには、シングルカットされなければならない。かぐや姫はまだまだ無名だった。

いや、実は五木ひろしや八代亜紀《やしろあき》を生み出した、よみうりテレビ「全日本歌謡選手権」に出演したことがあった。この番組は10週勝ち抜きで、これから歌手を目指そうという者もいれば、歌手としてデビューしたもののパッとせず、再起をかけてこの番組に応募した者、さらに一度ヒット曲を出しながら埋もれてしまった歌手も参加した。

第二のヒットを狙い、「山の人気者」のウイリー沖山《おきやま》や「叱《しか》らないで」の青山ミチが10週勝ち抜いた。五木や八代はまだヒット曲を持てない歌手だったが、10週勝ち抜いたあと、それぞれ日本を代表する演歌の王者、女王へと君臨するようになっていく。かぐや姫も当時、この番組に出ていたのである。

当時のメンバーは伊勢正三《いせしょうぞう》、山田《やまだ》パンダではなく、こうせつ、森進一郎《もりしんいちろう》、大島三平《おおしまさんぺい》の3人で「南高節《こうせつ》とかぐや姫」（第1期かぐや姫）としてデビューするためにと出演したが、4週勝ち抜いた翌週に棄権した。私の幼いときの記憶では、「この時点でデビューが決まったから」と言っていた記憶がある。

それにしても面白いのが、メンバーのふたりの名前。森進一に北島三郎という当時の演歌界のトップ歌手をもじった名前だ。

ちなみに、かぐや姫が4週目勝ち抜きの放送回で、10週勝ち抜いたのが無名の三谷謙《みたにけん》という歌手。彼がこれを機に五木ひろしに改名し「よこはま・たそがれ」1曲で大スターに育ち、それこそ森進一、北島三郎と並ぶビッグ歌手になってゆくのだから、何らかの縁を感じずにはいられなくなる。

10週勝ち抜いた場合を想定し、「よこはま・たそがれ」は、その前週には五木の元に届けられていたという。こうせつが楽屋で譜面を見ながらギターで、♪よこはま　たそがれホテルの小部屋……と歌い、〝これ、いけるんじゃない？〟と、五木と喜び合ったという。

当時のかぐや姫は「酔いどれかぐや姫」「変調田原坂《たばるざか》」など、どちらかといえばコミカルな歌を歌っていたがヒットせず、伊勢正三、山田パンダを迎えた第2期かぐや姫で「神田川」に巡《めぐ》り合うわけだ。しかし、これがシングルにならなければ、「神田川」は名作とよばれなかったかもしれない。

●「クレパス」を「クレヨン」に変えてほしいとNHK

「神田川」の大ヒットを出すことになるクラウンレコード（日本クラウン）は、当時、北島三郎と水前寺清子《すいぜんじきよこ》が〝何しろ一番！〟という演歌の王者的会社だった。しかし、この歌をシングルにと断然、推《お》したのは演歌の名物プロデューサーだった。

彼はコロムビア時代には島倉千代子《しまくらちよこ》の「からたち日記」はじめ、美空《みそら》ひばり、小林旭《こばやしあきら》などに続々ヒット曲を歌わせ、クラウンレコード立ち上げの際に参加し、クラウンで北島や水前寺、「姿三四郎《すがたさんしろう》」の姿憲子《のりこ》ら演歌スターの大ヒット曲を数多く生んでいった。五木寛之《いつきひろゆき》の小説『艶歌《えんか》』『海峡物語』の主人公であり、映画やドラマにもなった「艶歌の竜《りゅう》」こと高円寺竜三《こうえんじりゅうぞう》のモデル、馬渕玄三《まぶちげんぞう》である。

会議の席上で馬渕は、

「この曲は歴史に残る名曲になる。これを出さなかったら日本クラウンは一生の恥をかくことになるぞ」

と、強力にシングルカットを推したという。「神田川」はアルバムのときには入っていなかった前奏のマンドリン演奏を追加したバージョンをレコーディングし、改めてシングル盤として発売されたのだ。馬渕の眼力どおりに、昭和48年9月20日にシングル発売されると、いきなりヒットチャートを駆け上がり、翌年にかけて160万枚を売り上げる大ヒットとなった。当然、大みそかの「紅白歌合戦」から出演の依頼が来た。これは昭和48年発売の年とも、発売が9月20日だったため出場歌手発表までに時間がなさすぎたから翌年の話だったともされるのだが、どちらにしても出演交渉のとき、2番に登場する、

♪二十四色の　クレパス買って……

の「クレパス」が商標名ということで、〝「クレパス」を「クレヨン」に変えて歌ってほしい〟とＮＨＫから言われたという。

喜多條は、

「今ならどうぞどうぞ！　だと思うんだけれど、当時はやっぱり突っ張ってね。結局、僕がＯＫを出さなかったから『紅白』は駄目だったんです。まさに、〝若かったあのころ何も怖くなかった〟……なんだよね（笑）」

クレパスのまま歌ってもいい時期になって、こうせつが「神田川」で「紅白」に初出場したのは、すでに〝時代の名曲〟として選ばれるほど時を経《へ》た平成４（１９９２）年になってからのことである。

●「二人で行った横町の風呂屋」の名は……

さて、ちょっと寄り道した。私と家内は、神田川沿いを歩きながら、

♪二人で行った　横町の風呂屋……

の跡を見つけようとしていた。

喜多條はこう言った。

「その風呂屋の名前は、安兵衛湯《やすべえゆ》と言ったよ」

早稲田大学のある高田馬場《たかだのばば》の安兵衛といえば、「赤穂浪士《あこうろうし》」に出てくる堀部安兵衛《ほりべやすべえ》。そこから命名されたのだろう。新宿区西早稲田3丁目にあった「安兵衛湯」という銭湯も訪ねたが、今はここもうマンションになっていた。

「三畳一間の小さな下宿」から、都電荒川線の面影《おもかげ》橋停留所を通り過ぎてしばらく歩く。下宿から徒歩10分という見当か。ここで小さな石鹸《せっけん》をカタカタ鳴らしてあなたを待っていたということか？

決めつけては何なのだが、普通、長風呂は男じゃなく女なんじゃないか？

♪洗い髪が芯《しん》まで……

冷えるほど、待たせる男っているのか？　優柔不断ではないか。

しかし実は喜多條は、長風呂どころかカラスの行水だった。

どちらかといえば待たされるのは、いつも喜多條のほうだった。だけど銭湯の男湯には窓があり、そこを開けると池があった。その池に錦鯉《にしきごい》が泳いでいて、その鯉にパンくずをやっているうちに、我を忘れて洗い髪を冷えさせていたというのだ。

これ！　嘘のようなホントの話だ。

実は、ここで「神田川」の文章は締めくくるつもりだった。しかし、これまた嘘のようなホントの話なのだが……。書き終わってぐるりと椅子を回した。私の背中側には書棚がある。1冊の本が目に入った。

『会うたびに忘れないでといってた君がサヨナラといった——。』（英知出版）。

読んだ記憶がまだない本だという気がした。

ぱらぱらとページをめくった。するとすぐに「安兵衛湯」という文字が目に飛び込んできたのだ。

「何だ？　この本は？」

1ページ目には「合田道人様　　喜多條忠」とサインがあった。ハタと思い起こした。

これは以前、喜多條先生からいただいた本だったのである。喜多條さんだけではなく、山川啓介《やまかわけいすけ》、有馬三恵子《ありまみえこ》、山上路夫、つのだ☆ひろらが「70年代のヒット曲を書き下ろした短編小説集」として、それぞれのヒット曲を下敷きにして書いた短編の小説集だった。

慌《あわ》てて読んでみた。喜多條さんが書いているのは『神田川・断章』。

それによれば、三畳一間の下宿の主は女性、ケイさん。そこに彼は転がり込んで同棲生活を送っている。そこから1キロちょっと離れている「安兵衛湯」までには古本屋街が並ぶ。そして銭湯の坪庭《つぼにわ》の小池の鯉や金魚、小亀などにパンの残りをやるのが好きだった。次である。〝ケイを外でよく待たせたが、ケイが髪など洗った時にはオレも外でよく待たされた。二人共、長い髪の毛なので、冬などタオルと髪の毛が氷柱《つらら》の冷たさで固まった〟とある。

♪何も怖くなかった
ただ貴方のやさしさが　怖かった……。

そこにあるのは、お互いを信じながらも傷つけ合い、最終的には夢だけでは生きていけないと、それぞれの道を歩み出す男と女のほろ苦《にが》い青春の日々だった。背伸びしても大人になりたかった架け橋の時代の思い出たちが語られていた。だからこそ、いとおしくなる。だからこそ、今でもこの歌を聴くだけで胸がキュンキュンしてくる。

天気が悪くても歓迎される〝ご当地ソング〟の港町

長崎は今日も雨だった

内山田洋とクール・ファイブ

作詞／永田貴子　作曲／彩木雅夫　1969年

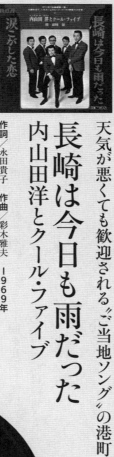

●昭和40年代、日本は〝ご当地ソング〟に沸《わ》いた

長崎は古くから〝歌の町〟とよばれる。

東京を舞台にした歌、大阪の歌とともに、長崎の歌は実に多い。

長崎の民謡、「長崎ぶらぶら節」が丸山遊郭《まるやまゆうかく》の芸者だった愛八《あげはち》（「あいはち」とも）によってレコード化されたのは昭和8（1933）年のことだが、昭和10（1935）年には、「赤城《あかぎ》の子守唄」「国境の町」「野崎《のざき》小唄」などヒット曲を連発していた歌謡界きっての大スター、東海林太郎《しょうじたろう》が「長崎行進曲」を歌って、にわかに長崎は注目された。

さらに昭和14（1939）年には由利《ゆり》あけみが「長崎物語」を大ヒットさせる。

♪赤い花なら　曼珠沙華《まんじゅしゃげ》……

である。渡辺《わたなべ》はま子の「長崎のお蝶《ちょう》さん」も生まれている。オペラ「マダム・バタフライ」（蝶々夫人）を世界で好演したソプラノ歌手、三浦環《みうらたまき》の像も観光地、グラバー邸の庭に立つ。

戦後は、あの原爆の町としても注目される中、昭和22（1947）年の映画「地獄の顔」の主題歌として渡辺はま子「雨のオランダ坂」、ディック・ミネの「長崎エレジー」が生まれ、翌年には小畑実《おばたみのる》が「長崎のザボン売り」を発表。この歌がヒットして、それまで

存在しなかったザボン売りという職種が本当に長崎の町に登場したという。

戦前の「上海の花売娘」からスタートした岡晴夫《おかはるお》のシリーズもの「長崎の花売娘」、瀬《せ》川《がわ》瑛子《えいこ》の父、瀬川伸《しん》の「長崎のマドロスさん」、加えて第1回の「紅白歌合戦」で、白組のトップバッターを「港の恋唄」でつとめた鶴田六郎《つるたろくろう》の「長崎の精霊《しょうろう》まつり」などが発売されたが、その最たる名曲として今なお歌い継がれるのは、原爆をテーマにした昭和24（1949）年の藤山一郎《ふじやまいちろう》の「長崎の鐘」であろう。

昭和30年代に入ってからは、美空ひばりが20歳で「紅白歌合戦」で初めてのトリを歌った「長崎の蝶々さん」、春日八郎《かすがはちろう》のヒット盤「長崎の女《ひと》」があるが、ふたたびの〝長崎ブーム〟が訪れるのは昭和40年代に入ってからである。

ちょうど〝ご当地ソング〟という言葉が生まれ出した時期である。のちにも登場する北島三郎の「函館《はこだて》の女《ひと》」をきっかけに、いわゆるサブちゃんの〝女《ひと》シリーズ〟が生まれ「尾《お》道《みち》の女」「博多《はかた》の女」「伊勢《いせ》の女」と続きに続いた。

そこに、美川憲一《みかわけんいち》が「柳ヶ瀬《やながせ》ブルース」でムーディーに初ヒット。「新潟ブルース」「釧路の夜」も美川のヒット曲である。ムードコーラスグループも、黒沢明《くろさわあきら》とロス・プリモスが「ラブユー東京」「たそがれの銀座」、鶴岡雅義《つるおかまさよし》と東京ロマンチカは「小樽《おたる》のひとよ」、ロス・インディオスの「コモエスタ赤坂《あかさか》」と流れる中、中井昭《なかいあきら》・高橋勝《たかはしまさる》とコロラティーノが長崎を歌って「思案橋《しあんばし》ブルース」。

さらに追い打ちをかけるように、当時の〝ご当地ソングの女王〟青江三奈《あおえみな》が「伊勢佐木町《いせざきちょう》ブルース」「札幌ブルース」とヒットを重ね、決定打「長崎ブルース」で〝長崎もの〟を大ヒットさせるのである。

「長崎ブルース」と同時期にヒットした、ある意味で誘い水の役割を果たしたのが、前述したコロラティーノという長崎出身のグループが歌った「思案橋ブルース」である。この歌が長崎の繁華街そのものを活気づけた。いや人気競争の火ぶたを切ったのだった。

思案橋とは、長崎の町と丸山遊郭を渡す橋だ。

なかにし礼《れい》の直木賞受賞作でもある『長崎ぶらぶら節』の愛八姐《ねえ》さんもここの検番《けんばん》だったし、美輪明宏《みわあきひろ》の実家もこの丸山遊郭街にあり、戦前から《世界》という名のカフェを経営、彼の最初の芸名は丸山明宏だった。

そんな丸山遊郭に、男たちは

「今夜、遊びに行こうか、いや、やっぱりやめとくか。どうしようか」と思案する。そこにあった橋こそが、その名も思案橋だった。「思案橋ブルース」ができた頃、橋の名こそ残っていたにはいたが、橋自体はすでに存在していなかった。

ところが青江の「長崎ブルース」の中でも、

♪どうすりゃいいのさ　思案橋……

と歌われて、観光客が思案橋を訪ねるようになってしまった。

そこで橋があった場所に欄干《らんかん》の一部を作りなおし、ガス灯も付けた。それ以降、長崎観光のひとつの目玉になってゆくわけだが、コロラティーノは、長崎の人気キャバレー店《十二番館》のお抱《かか》えのバンドグループだった。この当時、キャバレーやクラブには、その店専属の人気グループがいたのだ。

フルートとサックスを受け持っていた川原弘《かわはらひろし》は、〝自分たちのオリジナル曲を〟と、それこそ思案した末に「思案橋ブルース」を作り上げた。それを店で歌っているうちに、だんだん評判を上げ、〝こうなったら……〟と自分たちで資金を集めて、レコードを自費で制作したのだった。

それがその頃、流行し始めた有線放送の長崎放送局でリクエストランキングの上位につけたのである。この噂はすぐさま東京まで流れる。コロムビアレコードがそこに目をつけ、早速にスカウト。コロラティーノは東京のテレビ局にも出演するようになり、この歌は長崎の店の歌から一躍、全国的なヒットとなるのである。「オリコン」最高位3位、当時のシングル盤売上でも堂々50万枚を超すセールスを記録した。

●キャバレーの舞台で目に留まったクール・ファイブ

そして、この「思案橋ブルース」の大ヒットが、さらに長崎の〝ご当地ソング〟ブームを熾烈《しれつ》にさせた。

《十二番館》のライバルだったキャバレー《銀馬車》が、

「うちでもオリジナル曲を作れないものか」

と考え出したのである。

そこに在籍していたグループこそが、内山田洋《うちやまだひろし》とクール・ファイブだった。

実はリーダーの内山田をはじめ岩城茂美《いわきしげみ》、森本繁《もりもとしげる》、宮本悦朗《みやもとえつろう》、小林正樹《こばやしまさき》の後々のクール・ファイブのメンバーの中に、当初は女性のボーカルがいた。

前川清《まえかわきよし》はいなかったのだ。

しかし内山田のギター教室に、前川が紹介で入ってきた。そのときに前川の歌声を聞き、何とも言えない魅力を感じたという。女性ボーカルが辞めたため、佐世保《させぼ》のナイトクラブで歌っていた前川清をメインボーカルに迎えることになった。

そして「涙こがした恋」を自主制作盤として発売した。これがまた地元の有線放送や放送局で評判をとることになるのである。

たまたまTBSの「ロッテ歌のアルバム」の公開録音が長崎で行なわれたときのこと、バンドの東京パンチョスの指揮者だったチャーリー石黒《いしぐろ》が、長崎放送の接待で《銀馬車》に立ち寄ることになった。

そこでクール・ファイブの歌を聞き、そのままメジャー・デビューさせようとチャーリーは思い立つのである。

そしてザ・ピーナッツ、森進一、布施《ふせ》明《あきら》、梓《あずさ》みちよ、園《その》まり、伊東《いとう》ゆかり、中尾《なかお》ミエ、ザ・タイガースにクレージーキャッツ、ザ・ドリフターズら大スターが在籍している渡辺プロダクション入りを実現させてしまうのだ。

デビュー曲として「涙こがした恋」と、佐世保でギター流しをしていた尾形義康《おがたよしやす》が歌って当時、長崎で人気があった「西海《さいかい》ブルース」が決まった。ところが、プレス直前になって尾形が〝やはりこれは自分の歌だから〟と意を翻《ひるがえ》し、話は頓挫《とんざ》してしまう。

結局は詞を変えることで、クール・ファイブが大スターになってからの昭和52（1977）年にレコーディングされることになるのだが、このまませっかくのデビューのチャンスをみすみす棒に振ることもできない。そこで《銀馬車》のマネージャーだった吉田孝穂《よしだたかほ》こと永田《ながた》貴子（たかしと読む）が、急きょ1編の詞を作り上げたのだ。

それが「長崎は今日も雨だった」である。

その詞を遠く北海道放送のディレクターだった新居一芳《あらいかずよし》こと彩木雅夫《さいきまさお》に送った。

彩木はラジオ制作ディレクターでありながら、クール・ファイブが所属することになる事務所の先輩・森進一の「命かれても」「花と蝶」「年上の女」など大ヒットを続けざまに作曲していた。

ヒット作曲家を起用することが決まった、この時点で「長崎は～」がレコードのA面になることがほぼ確実になった。

実は、最初に送られてきた詞には、肝心の〝雨〟が出てこなかった。

彩木はそれまで長崎に行ったことがなかったという。未知の土地を想像しながら異国情緒あふれるイメージを持つ長崎に、雨はつきものだと手直し。ヒット中だった石原裕次郎《いしはらゆうじろう》の「夜霧よ今夜も有難《ありがと》う」の雰囲気で作曲したのである。

私も北海道出身だから、よく理解できるが、北海道と長崎は遠い。まさに北国と南国……、正反対の場所だと感じる。だから長崎は外国のような雨がよく似合う、夢の国という印象があるのだ。

私が長崎に初めて行ったのは、16歳、高校2年生のときである。

これは実にラッキーな話だが、本当に私を歌謡界に引っ張り込んでくれた町こそが長崎だったのである。

デビュー前、札幌での歌の師匠は、それこそ彩木雅夫や桑山真弓《くわやままゆみ》だった。ちなみに桑山先生の子息は現在、ボタン式クロマチック・アコーディオン奏者の中で日本唯一のベルギー式配列奏者、桑山哲也《てつや》君である。ともあれ先生たちの推薦で、私は昭和53（1978）年の「第2回長崎歌謡祭」というコンテストに北海道代表で出場、クール・ファイブの「思い切り橋」を歌って優勝するが、それが高校2年生のときだった。この優勝を機に私も渡辺プロダクションに入社、翌年、高校3年生でシンガー・ソングライターとしてデビューすることになるのである。

ちなみに「思い切り橋」とは、丸山遊郭に行こうか悩みながら思案橋を渡った男たちが、遊郭を目の前にして次に渡る橋の名前。そこで思い切り、〝えい！　行ってしまえ！〟という橋のことである。

そして事を終え帰るときは、遊女との別れを惜しみ、振り返りながら渡るため、「思い切り橋」は「見返り橋」ともよばれるようになった。

「思い切り橋」を思い切り歌って、全国優勝した「長崎歌謡祭」からプロデビューした第1号歌手は私だったが、その後に松本伊代《まつもといよ》、本田美奈子《ほんだみなこ》、夏川《なつかわ》りみ、田川寿美《たがわとしみ》、椎名林檎《しいなりんご》や、お笑い芸人として人気を上げることになる友近《ともちか》などがデビューしている。

長崎は本当に雨がよく降るのか？

さて、「長崎は今日も雨だった」。とうとう東京のスタジオでレコーディングすることになる。そのとき、クール・ファイブは全員、ギンギラギンの衣装を着てレコーディングに臨《のぞ》んだという。

「何しろ東京の歌手は、テレビで見ていても衣装が派手だと思ったから、田舎者《いなかもの》だと馬鹿にされないためには、やっぱりギンギラギンの衣装がいいということになって、ステージ衣装のまんまスタジオ入りしたんですよ……」

これは生前、内山田洋本人から聞いた話だが、そのちょっと滑稽《こっけい》なスタートが、反対に真剣さと緊張感にあふれていたのだろう。

発売すると、たちまち「長崎は今日も雨だった」は全国的大ヒットを記録、クール・ファイブは〝ムードコーラスの新星〟として燦然《さんぜん》と輝き、年末にはまさしくギンギラギンの衣装で「日本レコード大賞」新人賞を受賞、「紅白歌合戦」にも初出場する。

そしてこの大ヒットが、観光旅行客の心を慰《なぐさ》めるようになったのである。


普通、観光旅行でその街を訪ねたとき、天気が悪いとイヤなものだ。ところが長崎に限っては雨が降っていても、「やっぱり歌のとおりだわ」と反対に喜ばれるというのである。

では実際に、長崎は毎日雨が降っているというのか？

ここ数年、ちょっと異常気象ではあるものの、ここに２０１６年度の都道府県庁所在地の年間降水量データがある。

全国平均の降雨量は年間で１８２５・67ミリ。

さて長崎は？

２２９３ミリ。

確かに多い。ところが、この数字は全国第1位ではないのだ。

もっとも多く降ったのは鹿児島県で、なんと３２８５・５ミリでダントツ。２位は同じ九州の宮崎県だ。長崎は、九州7県の中では6位、全国的には12位だった。

市町村別でもっとも多く降る地域は、鹿児島県の屋久島《やくしま》町だ。

林芙美子《はやしふみこ》の小説『浮雲』に、「屋久島は月のうち、三十五日は雨」と表現されるほどの大量の降雨をもたらすが、この屋久島出身の歌手、日高正人《ひだかまさと》は昭和45（１９７０）年に「鹿児島の雨にぬれて」でデビューした。しかし、こちらは曲のタイトルとして語呂《ごろ》が悪かったためか、ヒットせず。鹿児島よりも長崎。鎖国の出島《でじま》の時代から長崎が感じさせる異国の香りとロマンチックな雨模様が、歌とマッチしたのだろう。


さて話を元に戻そう。

「思案橋ブルース」「長崎は今日も雨だった」とキャバレー合戦で、長崎出身の歌手がスターになっていったが、まだ長崎の町の戦いは終わっていなかった。

なんと、長崎には《十二番館》《銀馬車》に次ぐ第3番手の人気キャバレーがあったのだ。その名、《オランダ》。

「こうなったら、わが店からも……」と、〝第3の長崎のグループ〟が登場したのである。《オランダ》の支配人、酒井好満《さかいよしみつ》が作詞作曲した「長崎ごころ」を専属バンドのジ・アーズが歌って、翌45（1970）年に全国デビューすると、これまた大ヒット。それまでのムードコーラスには見られなかった〝ド演歌唱法〟が受けたのである。

この「長崎の歌なら何でもヒットする」という風潮の中で、ジ・アーズのあとすぐに瀬川瑛子（当時は映子）が、デビュー3年目にして歌った「長崎の夜はむらさき」で芽を出し、さらに翌46（1971）年にはデビュー6年目の五木ひろしが、「よこはま・たそがれ」に次ぐ第2弾「長崎から船に乗って」で完全にスターダムにのし上がった。

五木と同じように港町の横浜と長崎を舞台にした歌手が、いしだあゆみである。彼女は幼少期、佐世保に住んでいたこともあり「おもいでの長崎」を歌った。その2年前の昭和44（1969）年に、デビュー6年目にして「ブルーライト・ヨコハマ」で「紅白歌合戦」に初出場している。

また、ハワイアン歌手から転向、デビュー3年目に「京都の恋」「京都慕情」のベンチヤーズサウンドで当てた渚《なぎさ》ゆう子も、やはり昭和46年「長崎慕情」が大ヒット。「長崎ブルース」で〝長崎もの〟ブームをスタートさせた青江三奈も、しんがりとして「長崎未練」で「紅白」に出場した。

雨が降っても歓迎される珍しき観光名所に、どんどん人々は集まっていったのだ。

本当に「黒いふちどり」が届いたとき、恋の歌は歌えなかった

喝采

ちあきなおみ

作詞／吉田 旺　作曲／中村泰士　1972年

●伝説の歌姫

今から数年前のことである。

新宿の、とあるライブ会場で「ちあきなおみを語る夕」に参加した。同《おな》い年齢《どし》の作家、友人の石田伸也《いしだしんや》が上梓《じょうし》した『ちあきなおみ　喝采《かっさい》、蘇《よみがえ》る。』（徳間書店）の出版を記念して、忽然《こつぜん》と芸能界から消えて何十年も経《た》つ歌手・ちあきなおみに対する復活ラブコールのようなトークライブだった。

私はそのナビゲーションを石田と組んで、招かれたゲストたちと、ちあきの話に花を咲かせた。

ちあきなおみといえば、名曲「喝采」がある。

♪いつものように　幕が開《あ》き……

その歌詞の部分を歌うとき、ステージの幕が開くように、ちあきはゆっくりと手を下から上へと上げる独特なポーズで歌った。

当時、小学校5年生だった私は、その歌を聞き、なんだかゾクゾクした。

色っぽさとか歌唱力にときめいたわけではない。そこにある不思議な感覚、あれをオーラとよぶのだろうか？　なんだか吸い込まれるようなイメージを持った歌だなと思った。ちょっと怖い感じもしたものだ。

当時は小柳ルミ子、南沙織《みなみさおり》、天地真理《あまちまり》の三人娘が歌謡界を引っ張っていた。ちあきは「喝采」発売の2年前に「四つのお願い」「X＋Y＝LOVE」、前年には「無駄な抵抗やめましょう」といった、どちらかといえばコミカルなお色気ソングで人気は高かったが、決してルミ子たちよりも大好きな歌手という認識はなかった。

しかし子ども心にも「喝采」は心に沁《し》みた。いや、嫌いな歌ではなかった。

「喝采」という、それまでお目にかかったことがなかった字をこのときに覚えた。〝拍手喝采〟という言葉があることもこのときに知った気がする。

でもどうして小学生なのにこの歌に不思議な感覚を抱いたのだろう？

実は先述したトークライブに来ていた客筋を見て、ちょっと変わった傾向を感じた。それこそ「四つのお願い」しかり、「喝采」しかり、あの時期のちあきを支援していたファンは当然、私より年齢が上であるはずだ。

ところが会場のところどころに、どう考えても私よりも年下、実際にはちあきのピーク時を知らないはずの20代、30代の客が結構混《ま》じっていたのである。

これらの人は、ちあきを伝説として知り、ちあきのあの時期のＶＴＲなどを見て、その不思議な感覚にとらわれたという。

平成12（２０００）年に発売された6枚組の『ちあきなおみ・これくしょん ねぇあんた』というＣＤボックスがある。実はこれ、私が解説や選曲で参画したものである。友人のコロムビアのディレクター、衛藤邦夫《えとうくにお》と飲みながら、「ＣＤ化されていない、ちあきなおみの歌で好きな歌、自分たちのために作っちゃおうよ」といった、ほんの軽い気持ちで最初はスタートした。

それが、10万セット近い売上を示してしまったのである。

普通、この手のボックスは３０００セットも売ると大ヒット商品になるわけだから、その桁外《けたはず》れぶりはお分かりいただけることだろう。

ここで完全に、ちあきなおみは復活を遂《と》げたのである。

確かに姿を消したちあきへの復帰ラブコールがその形になったのだろうが、それだけではなく、ちあきを知らない世代までもが購入しなければ、この数字は決して叩き出せなかった。そうである。ちあきなおみにはそんな不思議な色が存在していた。そしてちあきなおみは、この時点で、〝日本一の歌手〟〝伝説の歌姫〟という肩書が添えられるようになったのだ。

いや、現役時代から彼女の実力は認められていた。

彼女の歌のうまさは群を抜いていた。女優としての力量もあった。

しかし、ちあきなおみという歌手がフェードアウトに近い状況で人々の前から姿を消してからは、ちあきなおみを語る人は断然少なくなっていた。そんな中で、私や衛藤は、ちあきが「紅白」で歌った曲ですらCD化されていないものがあるという現実を嘆いてCDボックス制作にあたった。

●歌詞を読んで、ちあきなおみは「いやだ」と言った

さて、今では小柳ルミ子の「瀬戸の花嫁」に競《せ》り勝って、1972年度（昭和47年）の「日本レコード大賞」を受賞した歌として、誰もが認める日本のスタンダード・ナンバーに育った「喝采」。

当時の売上枚数は約80万枚。

その後のアルバム売上や昨今のちあきブームを勘案すれば、軽くミリオンセラーを記録しているだろうが、実のところ当時の80万枚の多くは、「レコード大賞」を受賞したあとの昭和48（1973）年になってからセールスされたものだった。

つまり「レコード大賞」を受賞した年における「喝采」の売上は、「瀬戸の花嫁」には遠く及ばなかったのである。

では、なぜヒット曲ではなかった「喝采」が「レコード大賞」に選ばれたというのだ？

さらに私が以前上梓した『あなたの街のご当地ソング ザ・ベストテン！』（全音楽譜出版社）という本がある。各地に講演やコンサートに行くたびに、「あなたの住む県（街）を代表する歌は何ですか？」「すぐに思い出す歌は何ですか？」というアンケートをもとにベスト10を叩き出した本である。

実は岡山県のベスト10に「瀬戸の花嫁」「喝采」の2曲が仲良く入っていた。「瀬戸の花嫁」は香川県のランキングでも第1位。瀬戸の島々が見える香川は納得いくが、なぜに岡山？

それは倉敷市《くらしき》を流れる倉敷川で、江戸時代の婚礼模様を再現する〝瀬戸の花嫁川舟流し〟が行なわれるからだった。では「喝采」は？

実はこの歌をレコーディングしたとき、ちあき本人は「この歌を歌いたくない」と発言していたという。その理由が岡山にあるというのである。この歌には、不思議な魔力が潜《ひそ》んでいた。

この歌の世界は、

♪いつものように　幕が開き
恋の歌うたうわたしに　届いた報《し》らせは
黒いふちどりが　ありました……。

と、なっている。

つまり、この歌の主人公の職業は歌手であることが判明する。そこに届いた知らせは、3年前に駅で別れた〝あなた〟こと恋人が死んだというショッキングな悲しい事実だったのである。そんな悲しい事実を知りつつも、恋の歌を楽しげに歌わなければならないスター歌手の身の上を描いている歌である。

この詞を読んで、ちあきは「いやだ」と言った。あまりにも悲しい思い出とイコールしていたからだった。ここそが岡山に関係していた。

この歌の舞台は岡山県鴨方町《かもがた》、現在の浅口市《あさくち》であるといわれる。

ちあきはスター歌手になる前、実は5歳の子ども時分から舞台に立っている。デビューする前は、全国のキャバレーなどを転々と回り、スター歌手の前座もつとめていた。

石田伸也としゃべった「ちあきなおみを語る夕」のときには、そのキャバレー時代から一緒に活動していた日吉《ひよし》ミミがまだ健在で、いろいろと話を聞かせてくれた。

「『紅《あか》とんぼ』なんかで一度カムバックしてきたとき、うれしかったわ。番組で一緒になったとき、ある女性歌手が、ちあきに向かって『今頃帰ってきたって、あんたの居場所はないからね』って言うんだよね。くやしかったわ。その女はデビューしたばかりだった小柳ルミ子のことを泣かすほどいびって、ルミ子のマネージャーが取っ組み合いの喧嘩をしたのも見たわよ。今もしゃーしゃーと業界にはいますよ」

私や石田は誰のことだとは聞いて覚えているが、いまだしっかりと活動を続けているからその歌手の名は想像にまかせよう。

「四つのお願い」でちあきが、「男と女のお話」で日吉ミミがスターになったのと同じ年、昭和45（1970）年にやはりスターになった「姿三四郎」の姿憲子によれば、何しろ彼女たちはキャバレー回りのスターだったという。

「一緒には絶対ならないのよ。同じキャバレーにふたりの歌手はいらないからね。先週はここにちあきさんが来たとか、『すごい受けてた』とか聞くわけよ。まあ、当時はちあきという名前じゃなかったし、日吉ミミっていう名前でもない。私も姿憲子ではなかったけれどね。聞こえてくるんですよ、あの人たちの噂が。何しろお客を黙らせる技を持っていた人たちでした。キャバレー回ってて、会ったこともないけれどライバルだった人たちに、ヒット曲を持ってテレビ局で会ったとき、〝あら、あなただったの〟って、再会を喜んだものよ。再会じゃないわね。会ったことなかったんだから。でもまるで再会なのよ。よく話に聞いていた人たちと一緒になるんですもの」

「姿三四郎」を男袴姿でヒットさせた姿は、キャバレー時代は「振り袖着て、髪は金髪にしてロングでした」。

日吉は「バニー・ガールの格好をしてよくキャバレーには出てたわ。2回目よんでもらうためには真剣でしたから」。

ちあきもドレスから着流しまで、衣装に合わせて歌もジャズから股旅《またたび》演歌、民謡まで歌いまくった。この昭和45年は日吉、姿も加えて、そうした苦労から這《は》い上がった歌手たちがヒット曲に恵まれる年だった。「ざんげの値打ちもない」で北原《きたはら》ミレイ、「京都の恋」の渚ゆう子、「長崎の夜はむらさき」の瀬川映子（のち瑛子）らも同じタイプである。

「だから全員、新人賞は取れなかったんですよ。以前にレコードが出ているということでね。私も5年前に出していた歌が引っ掛かっちゃって、『三四郎』では新人賞をいただけなかったのよ」

と姿。

そんなキャバレーを回っていた頃のちあきの思い出。「あれは三年前」ならぬ数年前のことだった。

一座のメンバーで、バンドマンとも俳優ともいわれる、ちあきが兄のように慕《した》っていた青年が亡くなったという訃報《ふほう》が届いた。彼が亡くなった場所こそが岡山県鴨方町だったのである。それは少女時代の淡い初恋だったのかもしれない。

その後、レコード歌手として成功をおさめ、今やスター歌手になったちあきが、すでに忘れかけていた思い出。それが作品を渡されたとき鮮やかによみがえったのである。

〝お兄ちゃん〟と呼んでいたその彼の死が、この歌には見え隠れしていたというのである。難色を示す彼女をレコード会社はそれを逆手にとって、「私小説歌謡」として宣伝したのである。

ドラマチックな作品は、人の心をつかんだ。

それにも増して、ちあきなおみの無表情とも涙をこらえているようにも感じる表現力と歌唱力に、まさに喝采が送られたのだ。

スターとよばれるゆえ、好きだった人の葬式にさえ参列できず、涙も見せずにライトの中、健気に歌っている姿が、そのままちあきなおみに乗り移った。

●「レコード大賞」と「歌謡大賞」の違い

それまでテレビや公演で見るちあきなおみのイメージには、どこかコミカルさがあった。そのコミカルな演技でさえ、きっとちあきは涙をこらえて演じているのだと観客は想像をふくらませていった。

昭和47(1972)年9月10日にこの歌は発売された。

賞レースを戦うには、少し発売が遅いタイミングだと言わなくてはなるまい。それを物語るかのように、11月に発表された「日本歌謡大賞」受賞対象になる十数名の放送音楽賞候補に、ちあきはノミネートさえされなかったのだ。

当然、「歌謡大賞」グランプリはダントツ、無敵で小柳ルミ子が受賞している。ルミ子は「歌謡大賞」にも「レコード大賞」にも、もちろんのことノミネートされている。

ではどうして「レコード大賞」はそのまま、無敵と言われていた小柳ルミ子が受賞できなかったのだろうか？

「喝采」の売上が暮れ近くになってどんどん急増していたことは確かだったし、「私小説歌謡」のイメージが膨《ふく》れ上がって話題になっていったことも事実ではある。しかし、所詮《しょせん》売上枚数が違いすぎる。

「瀬戸の花嫁」は、すでに約70万枚以上を売り上げているにもかかわらず、「喝采」はこの年の終わりで最終的に約15万枚を突破した程度だった。「レコード大賞」ノミネートの段階では、まだ10万枚を超えていなかった。つまり、問題外のはずだったのである。

その頃の「歌謡大賞」は設立からまだ3年目だったものの、歴史ある「レコード大賞」と肩を並べるほどに人気が上昇し、一般にも認知され出していた。

「レコード大賞」は日本作曲家協会が仕切り、ＴＢＳが独占で放送をしていた。ところが

「歌謡大賞」はそれに対して、TBS以外の民放局が手を組み、毎年順繰りに放送局を替えて発表していた。

「レコード大賞」は、その1年間に発表された楽曲で、もっともグランプリにふさわしい作詞、作曲、編曲、歌手という〝作品〟に贈られるのに対し、「歌謡大賞」はそのタレント、歌手に贈られる、つまりテレビ局に協力したヒット歌手の順位を決めるといった性格があった。

となれば、この年の「歌謡大賞」のグランプリは文句なく小柳ルミ子であり、新人賞もダブル受賞した天地真理あたりが対抗だったと言っていい。

楽曲重視の「レコ大」、放送によく出てくる人気者重視の「歌謡大賞」。

それぞれの歌謡賞の性格上、そこに異論はない。

「歌謡大賞」1年目の昭和45（1970）年のグランプリは、その年最大の人気歌手だった藤圭子《ふじけいこ》「圭子の夢は夜ひらく」だった。放送音楽賞には「四つのお願い」でちあきも入っている。そして最優秀新人賞は、「一度だけなら」野村真樹《のむらまさき》（現在・将希《まさき》）と「経験」辺見《へんみ》マリのふたりだった。

ところが「レコード大賞」のほうでは、「歌謡大賞」グランプリの藤圭子は、歌唱賞にもノミネートされず大衆賞止まりだった。大衆賞の対象曲は「歌謡大賞」受賞曲の「夢は夜ひらく」ではなく、リリース4作目でちょうど大ヒット中の「命預けます」。

実は「夢は夜ひらく」は、この4年前に園まりの大ヒットを筆頭に緑川《みどりかわ》アコ、扇《おうぎ》ひろ子、バーブ佐竹《さたけ》、さらに鑑別所で歌われていたという元歌を補作曲した曽根幸明《そねこうめい》が、歌手時代の名である藤田功《ふじたいさお》として歌うなど、それぞれ詞を変えてすでに競作で世に出ていた作品である。とくに園まり盤は大ヒットし、昭和41（1966）年の「紅白」ですでに歌っている。つまりこの年の新作ではない！　として対象外とされるのだ。

そして「レコード大賞」グランプリは、岸洋子《きしようこ》の「希望」と競い合い、最終的に菅原洋一《すがわらよういち》の「今日でお別れ」に決まったのである。実際は「今日でお別れ」も、あえて言えば「希望」も過去に発売された経緯があるから、いかがなものかとも思うが、〝テレビ協力№1歌手〟藤圭子が「歌謡大賞」なら、当然〝その年の楽曲№1〟菅原洋一が「レコード大賞」で、どちらの賞もしっかりと独自のイメージを確立させることができたのだ。

さらに新人賞も、「歌謡大賞」のほうのふたりは新人賞にノミネートはされたが、最優秀は「歌謡大賞」のほうを逃した、にしきのあきら（現・錦野旦《にしきのあきら》）が栄誉に浴《よく》したのである。

ところが、翌年の昭和46（1971）年。この年は、尾崎紀世彦《おざききよひこ》の「また逢《あ》う日まで」がぶっちぎりの大ヒットで「歌謡大賞」「レコード大賞」をダブル受賞したのである。いや、ある意味でそれは当然の結果だったろう。

新人賞も「歌謡大賞」のほうのふた組は「わたしの城下町」の小柳ルミ子と「17才」の南沙織だったが、「レコード大賞」では小柳ルミ子が〝最優秀新人賞〟を獲得し、世間は「ルミ子のほうが上だったのだ……」と解釈した。

それどころか放送後、こんなことが囁《ささや》かれた。

「歌謡大賞」は11月発表だから先に決まる。「レコード大賞」は大みそかの発表。そのため、尾崎が「レコード大賞」に決まった際、「な～んだ、歌謡大賞と同じなんだ」「レコード大賞は歌謡大賞のまねをしたみたいだ」と言われてしまったのである。

当然「また逢う日まで」は楽曲としてもすばらしいという評価を受けての「レコ大」受賞だったにもかかわらず、「歌謡大賞と同じ！」という世論の反応に驚いたのは「レコ大」側だった。考えてもみない反応である。

2年目の「歌謡大賞」に注目が集まったこと、さらに「レコ大」が「歌謡大賞」と同じ楽曲、歌手を選ぶことで「歌謡大賞」の箔《はく》がぐんとついたのである。

いわば、前年はいくら藤圭子が「歌謡大賞」を受賞しても、歴史ある「レコード大賞」は菅原洋一が獲《と》ったわけだから、やはりその年の代表的1曲は「レコード大賞」受賞曲という見方ができた。それがどちらも同じ受賞者になることで、賞の性格がまるで一緒になってしまったように見られたのである。

そこで翌年、小柳ルミ子が「歌謡大賞」を受賞したところで、「今年、もっとも作品的に優れている歌は何だろうか？」という話し合いがもたれた。つまり「歌謡大賞」と異なった歌手、楽曲を「レコード大賞」は選びたい！ と思うようになった。そして、ちあきなおみ「喝采」がコールされたのである。

4月発売だった「瀬戸の花嫁」はすでにその頃、ヒットのピークを過ぎていた。「瀬戸の花嫁」の次に発売されたルミ子のシングル作品「京のにわか雨」も、売上は第1位をキープし、「瀬戸の花嫁」で「歌謡大賞」グランプリ、「レコード大賞」の歌唱賞にノミネートされていた時期には、さらに「京のにわか雨」の次の新曲である「漁火《いさりび》恋唄」がリリースされ、これまた大ヒットしていた。

つまり「瀬戸の花嫁」の旬《しゅん》は過ぎていた。「喝采」の波が、時流に乗ったことも好材料となったのである。

ちなみに新人賞も「歌謡大賞」が「せんせい」森昌子、「雨」三善英史《みよしえいじ》に対して、「レコード大賞」のほうの最優秀新人賞は、麻丘《あさおか》めぐみ「芽ばえ」が受賞し、「歌謡大賞」のまねをさけたような結果になっている。

これは翌48（1973）年も同じで、「歌謡大賞」受賞の沢田研二「危険なふたり」は、「レコ大」では歌唱賞候補にも入らず、麻丘めぐみ、ガロとともに大衆賞に回され、「レコ大」グランプリには五木ひろしの「夜空」。

五木は「歌謡大賞」放送音楽賞も受賞しているが、楽曲は「ふるさと」だった。ところが「レコ大」のほうは前年の「喝采」にならったのか、10月20日に発売したばかりの「夜空」だった。

これも年内のヒットというよりは、翌年になってから大ヒットしたという印象の歌である。ヒット曲よりも作品性をモットーにしていた当時の「レコ大」の意地が、新しい名曲を誕生させていたのだ。

●第二の「喝采」は、最初からの6音が同じメロディー

「喝采」は「レコード大賞」、さらにその後の「紅白歌合戦」で披露されたことで、翌年

になって大ブレイク。昭和48年度のヒットセールスの第4位まで上昇してゆくことになる。

そして、時代を超え、世代を超えて日本のスタンダード・ナンバーになった。どの時代であっても、別れた〝あなた〟を心に持つすべての人が共有できる歌になっていた。

しかし、ちあきなおみだけがこの歌に抵抗した。最愛の〝あなた〟だったご主人の、俳優でありプロデューサーの郷鍈二《ごうえいじ》が亡くなったときに、彼女は歌手活動をストップさせたのである。たとえ〝黒いふちどり〟が届いても歌わなければならなかった女を演じ切っていた彼女の心の糸が、ぷつんと切れた。本当に「黒いふちどり」が届いたとき、やっぱり恋の歌を歌えない自分に気づいたのである。

ご主人、郷鍈二が亡くなる
♪あれは3年前……

に、ちあきが歌った「冬隣《ふゆどなり》」という歌がある。

♪あなたの真似《まね》して　お湯割りの
焼酎のんでは　むせてます
つよくもないのに　やめろよと
叱《しか》りにおいでよ　来れるなら
地球の夜更《よふ》けは　淋しいよ……
そこからわたしが　見えますか
この世にわたしを　置いてった
あんたを怨《うら》んで　呑《の》んでます……

作曲した杉本眞人《すぎもとまさと》は、その後「吾亦紅《われもこう》」を歌手・すぎもとまさととしてもヒットさせ、この歌も吹き込んだ。

なんだか分かる気がする。この歌もとても不思議なオーラがあるからである。

時代を超えてこの歌が、そしてちあきなおみという人がまた注目されている。「喝采」と「冬隣」には、どこかに通じるものがあるのだ。

「喝采」の女性は、恋の歌を歌うことに疲れ、「冬隣」を選んだ。

「冬隣」……。そう、そこはいつまでも春が来ないのである。心があたたまることがないのである。早く「冬隣」を通り越して、「喝采」の場に戻ってほしい。

「喝采」と「冬隣」。実は出だしから6音目まで、メロディーが同じだ。やっぱり何か不思議を感じてしまうのは、私だけなのだろうか。

「とてもがまんができなかった」のは、なんと……

函館の女

北島三郎

作詞／星野哲郎　作曲／島津伸男　1965年

●放送禁止になったデビュー曲

♪はるばる来たぜ　函館へ……。

平成28（2016）年、北海道新幹線が開通して、東京駅から4時間あまりで北のロマンの大地、函館に到着するようになった。まさに夢の夢である。

今ではもう、♪はるばる来たぜ……でもなかろうが、この歌が作られた昭和40（1965）年は、まさにこのイメージはぴったりだったはずである。

当時は一体、東京から函館まで汽車と船で、どのぐらいの時間を要しただろうか？

昭和37（1962）年6月5日、歌謡界の王者、北島三郎はデビューした。「ブンガチャ節」でデビュー、「紅白歌合戦」には翌年の「ギター仁義」から初出場。途中、一度欠場はあったものの平成25（2013）年の50回出場まで「紅白」の顔として君臨した。

デビュー曲の「ブンガチャ節」は当時、植木等《うえきひとし》らの活躍で一世を風靡《ふうび》していたコミックソングのひとつだった。作者不詳の歌として巷《ちまた》によく流れていた一種の猥歌《わいか》だったため、テレビで3回歌っただけで放送禁止になった。

囃子《はやし》言葉の、♪キュッキュッキュ……が、布団の擦《す》れる音を連想させるから卑猥《ひわい》だとの理由だったという。いやいや、そう想像するほうがよっぽど卑猥だとは思うのだが……。

しかしある意味では、この禁止令が彼に運を向けた。

北島のデビュー曲候補は2曲あった。「ブンガチャ節」と「なみだ船」の2曲だった。それを一緒に録音していた。

ロカビリーやポップス、ナンセンス歌謡が主流だった当時の歌謡界で、演歌の新人歌手は育たないと見られていた。ましてや「なみだ船」のようなド演歌は、今さら時代遅れの感があった。そのため、無難に「ブンガチャ節」がデビュー曲に決まったわけだ。ところが思いもよらず放送禁止。

新人は売り出しのタイミングが必要だ。

同じ日に同じレコード会社からデビューした畠山《はたけやま》みどりは、「恋は神代《かみよ》の昔から」でスターダムにのし上がっていた。

普通であれば、デビュー作のヒットの動向を見て次回作を決めるのだが、そんな時間はない。半《なか》ば仕方なく、すでに録音していた〝今さら時代遅れ〟な「なみだ船」を急きょ発売したのだ。いや、発売するしか手がなかったのである。

しかしそれが反対に話題になる。

「放送禁止になった新人歌手の歌声」に期待がかかったのである。それも久々に聞く男のド演歌だった。岡晴夫《おかはるお》、田端義夫、藤島桓夫《ふじしまたけお》らによって受け継がれていたマドロス歌謡（船員を題材にした楽曲）のヒットが生まれなくなってから久しい時期に聞こえてきた、いわゆる〝船もの〟の演歌が、反対に新鮮な響きとなって人々の耳に聞こえてきた。

●「レコード大賞」新人賞でも「紅白」には選ばれないのはなぜ?

北島は歌手になろうと、それこそ函館の高校を卒業すると、何のつてもなく上京。歌手を目指した。音楽学校にまず入ってみたが、当時の音楽学校は今のようなカラオケ教室や歌手になるための学校ではなかった。

譜面を中心にしたクラシックの勉強が音楽学校の教育なのである。

北島少年が目指したのは、岡晴夫であり、田端義夫だった。

歌謡界の中でも三橋美智也《みはしみちや》や三波春夫《みなみはるお》、村田英雄《むらたひでお》など民謡や浪曲を基本とした日本の歌心を表現できる歌手を目指していたのだ。

当然、クラシックの学校で自分の求めるものに出会うことはできない。

彼は学校を辞めることになるのだが、その学校にいた先生に生前、北島青年の話を聞いたことがある。

「何しろ、輝いていましたよ。ほかの生徒とはまったく違ったオーラを放っていたね。その少年がのちの北島三郎君です」

戦後「白い花の咲く頃」「高原列車は行く」などのヒット曲を歌った岡本敦郎《おかもとあつお》が、北島が入った学校の先生もしていた。

しかし、何かが違う！　と北島は思った。

北島は〝流し〟とよばれる〝演歌師〟として東京・渋谷で修業を積むことになる。ギターを抱えて1曲いくらでお客に歌を聞いてもらう仕事である。そこで何曲も何曲も異常なまでの曲数を覚えた。レパートリーの広さはここで生まれた。

そして「こういう演歌を待っていた！」と、新人・北島三郎は「なみだ船」1曲で翔《はばた》くのである。

その年の年末には「下町の太陽」の倍賞千恵子《ばいしょうちえこ》とともに、「第4回日本レコード大賞」新人賞を受賞した。この年から、新人賞は男女ふたりが選ばれ、最優秀新人として発表された。今のように新人賞が数名選ばれ、その中から最優秀新人賞を選ぶようになったのは、昭和44（1969）年になってから。この年から大みそかに大賞歌手が選ばれることになったが、それ以前は12月になった時点で、新人賞を含む大賞、歌唱賞などの発表があったのである。

さらに当時、「紅白」出場は、デビューの年にはないものとされていた。

ヒット曲が出て、翌年地方へ回って知名度を上げた時点で出場という暗黙のルールがあった。当然、倍賞も北島も、さらに新人賞は外れたものの大ヒットした畠山みどりも「紅白」初出場は翌年になってからだ。

だから「なみだ船」は「紅白」では歌われなかった。やっと「紅白」で歌ったのは、昭和57（1982）年になってから。その年の「紅白」は、出演歌手に「自分の歌、他人の歌関係なく、歌いたい歌」のアンケートをとった。

北島は「紅白」でまだ歌っていない「なみだ船」と「兄弟仁義」をあげた。

そこでやっと「紅白」で初披露したのだった。ちなみにこの「兄弟仁義」や、北島の曲の中で発売当時、もっとも売上枚数を稼いだといわれた昭和44（1969）年の「仁義」などの〝任侠《にんきよう》もの〟は、実は「紅白」では歌われずじまいだ。

鶴田浩二《つるたこうじ》が「傷だらけの人生」を大ヒットさせながらも「紅白」に入選できなかった

年、記者団に向かってNHKは、「歌の暗いイメージがNHK好みじゃない」と発言した。そういった〝やくざもの〟、〝任侠もの〟はNHKの番組では歌えなかったのである。

デビュー翌年の昭和38（1963）年には新設のクラウンレコードに移籍、40（1965）年には、任侠ものの「兄弟仁義」を3月に、望郷ものの「帰ろかな」を4月、そして〝女（ひと）シリーズ〟第一弾「函館の女」が11月に発売され、すべてが大ヒットを記録。その後の北島のカラーを確立する、それぞれ違ったタイプの歌で人気を決定づけたのだ。

●最後の一行「とてもがまんができなかったよ」の秘密

函館は北島の故郷である。新幹線開通後、ご一緒したテレビ番組で、「〝はるばる来たぜ函館〟も、東京から4時間で着くことになりました」と発言していたが、私が若かりし時代でもそうだったように、北海道と東京は実に遠かった。海を隔《へだ》て、一度本州に渡ったら二度と帰ってこられないと思っていた。本州のことを普通に〝内地〟とよんでいたものだ。今でもそうよぶのだろうか？

さて、昭和40年当時、東京から函館へ何時間かかったのだろうか？

その当時は、東北、北海道への汽車は上野《うえの》駅から出発する。

特急「はつかり1号」で上野を13時15分に出発すると、水戸《みと》に14時45分、仙台《せんだい》には18時05分に到着する。所要4時間50分。すでに現在の函館着よりも時間を要することになる。そして終点、青森駅には23時40分に着く。ここで10時間以上経っている。青森駅から青《せい》函《かん》連絡船に乗り換えるのである。

20分後には船上の人となり、函館の港まで4時間半。全部で15時間もかかったのだ。まさに、♪はるばる来たぜ　函館へ……がぴったりだったのである。

〝内地〟と言われていたことも納得がゆく。津軽の海を渡ってきたら、一旗揚《あ》げないと帰れない……、北海道人はそう考えるのだ。


さてさて、〝女シリーズ〟第一弾は、ひょんなきっかけから生まれた。

北島は作曲家・船村徹《ふなむらとおる》の門下生だが、「函館の女」はじめ〝女シリーズ〟の作曲家は、当時ポリドールから移籍したばかりの島津伸男《しまづのぶお》だった。

島津はよく作詞家の星野哲郎《ほしのてつろう》の創作ノートを借りては、曲作りに励んでいた。

ある日、北島の次の作品のB面曲が決まっていないことを聞きつけた島津は、星野のノートから「東京の門」という作品を見つけ出した。

その歌い出しは、「はるばる来たぜ東京へ……」だった。

それを星野に「サブちゃんらしく北海道の地名で書き直してください」とお願いして出来上がったのが「函館の女」だったのである。

当時、春日八郎の「長崎の女《ひと》」がヒットしていたのをヒントにしての題名だったが、星野は「目立たないB面だから、ごく軽い気持ちで使わせてもらった」と生前、直接お話を伺ったことがある。

そしてもうひとつ、こんな裏話も……。

島津は星野から、♪はるばる来たぜ　函館へ……と書き直してもらい曲付けしたが、どうしても最後の1行が足りない。そこでもう一度、星野宅を訪ねて「もう1行、付け足していただけませんか」とお願いした。

ところが星野は、落ち着かない様子。

「まずいことを頼んでしまったかな?」と思っているうちに、「ちょっと待ってね」と星野は慌《あわ》ててトイレに駆け込んだという。小便がこらえられなかったようなのだ。

すっきりした顔で帰ってきた星野は、「できたよ」と1行を追加した。その1行こそが、

♪とてもがまんができなかったよ……。

さてレコードは無事に発売された。A面は「北海道恋物語」。ところが、このA面曲よりも、歌詞に出てくる函館山の中腹にある母校の函館西高校を思い出しながら「函館の女」を北島は好んで歌ったのである。

先日、北島のふるさとの西高を訪ねた話を、北島本人にしたところ「なくなっちゃうんだよ。生徒が少なくなっちゃってね……」とさびしそうに答えた。

さて、B面曲だった「函館の女」は大ヒット。このヒットから「尾道《おのみち》の女」「博多の女」「薩摩《さつま》の女」「伊予《いよ》の女」「伊勢《いせ》の女」「加賀《かが》の女」、日本に沖縄が返還された昭和47（1972）年の「沖縄の女」などなど数多い〝女シリーズ〟を生むことになったのである。

そのほとんどがヒット曲として認められたが、どういうわけか昭和46（1971）年に発売された「なごやの女」だけはヒットに結び付かなかった。

実は、古くから名古屋という題名が付けられた歌はヒットしないというジンクスがあるのだ。

サブちゃんの「なごやの女」だけではない。

戦後、「東京ブギウギ」「大阪ブギウギ」など大ヒットを続発させた笠置《かさぎ》シヅ子も「名古屋ブギー」だけは、どういうわけかヒットしなかった。考えてみれば題名に〝名古屋〟とついているヒットソングは、どうも思いつかない。

私が以前書いた『あなたの街のご当地ソング ザ・ベストテン！』（前出）の愛知県の項での第1位は「燃えよドラゴンズ」であり、渥美《あつみ》半島伊良湖《いらご》を舞台にした抒情歌の「椰子《やし》の実」が第2位だった。

「椰子の実」がなぜに伊良湖の歌なのか？　の謎はまたいつか。

会社が苦しい時に、この一言

こまっちゃうナ

山本リンダ

作詞／遠藤 実 作曲／遠藤 実 1966年

●ハーフの歌手たちが人気を集めた時代

山本リンダのデビュー曲、「こまっちゃうナ」はひょんなところから生まれて、日本中を席捲《せっけん》した。もう半世紀以上前のことである。

リンダは昭和26（1951）年、福岡県小倉《こくら》市（現・北九州市）に生まれた。父親はアメリカの軍人、母親は日本人だったが、朝鮮戦争でリンダが1歳の頃に父を亡くし、横浜に移り住んだ。今でこそ〝ハーフ〟は、もてもての材料のひとつだが、当時は〝あいのこ〟などとよばれ、少女時代は白い目で見られることもあった。

そんなハーフたちが、抜群のプロポーションや日本人離れした歌唱力、リズム感などで歌謡界を席捲してゆくのは、昭和30年代後半から40年代にかけてのことである。ちょうど彼女らが思春期を迎え、そのスタイルやフィーリングが前面に現われ出した頃といえる。

11歳でモデルのオーディションに合格、テレビの深夜番組のマスコット・ガールを経て「こまっちゃうナ」で歌手の道を歩むことになるリンダを先頭に、たとえば「ミッチー音頭」「叱らないで」の青山《あおやま》ミチ、「夕焼けのあいつ」の泉《いずみ》アキ、「夢は夜ひらく」「カスバの女」の緑川《みどりかわ》アコらが活躍。〝あいのこ歌手〟〝混血歌手〟などと言われて、もてはやされる時代が到来した。

“勝てば官軍”の言葉どおり、当時は「混血で生まれたかった」「あのスタイルは到底、日本人では無理」と憧《あこが》れのまなざしに変わっていったのである。

長身で舌足らず、キュートなリンダはその旗頭だった。

マスコット・ガールで人気を呼んだあと、高校在学中に作曲家・遠藤実《えんどうみのる》のもとにレッスンに通う。

「北国の春」「おひまなら来てね」「せんせい」「みちづれ」「他人船」「すきま風」「からたち日記」などなど遠藤実といえば、言わずと知れた演歌界の人気作曲家である。なぜ、よりによって、リンダは演歌の遠藤のもとに赴《おもむ》いたのか？

浜口庫之助《はまぐちくらのすけ》や中村八大《なかむらはちだい》、いずみたくといったポップスの作曲家は存在していたはずだ。しかし、考え方によっては遠藤も立派なポップスの作家でもあったのだ。

昭和37（1962）年には話題のニューリズム、ドドンパを歌謡曲に駆使して北原謙二《きたはらけんじ》に「若いふたり」を提供、その翌年には舟木一夫《ふなきかずお》を「高校三年生」でデビューさせた。

今でこそ歌謡曲といえるが、一連の「修学旅行」「学園広場」など遠藤が作り、舟木が歌った学園ソング、青春ソングは、当時の若者たちのハートをわしづかみにした、れっきとしたポップスだった。それに続き「青春の城下町」で梶光夫が登場、遠藤門下の青春スターたちが歌謡界の頂点に立った。

そんなさ中、昭和40(1965)年に、遠藤はミノルフォンレコードを立ち上げた。ミノル、つまり遠藤実の実のフォン。フォンとは音。ヘッドフォンのフォンだ。実の音、ミノルフォンレコードの誕生である。

この2年前、コロムビアレコードの主要プロデューサー、ディレクターたちが新会社、クラウンレコードを発足させた。コロムビアを独立するディレクターが担当する歌手は、右に倣《なら》えの格好で新会社に同行するだろうと見られていた。

その筆頭が美空《みそら》ひばり、そして当時A面曲もB面曲もヒットさせ「とうとう、ひばりを超えた歌手が生まれた」といわれた畠山みどり。このコロムビアの看板スターのふたりである。村田英雄、五月《さつき》みどり、北島三郎の人気歌手をコロムビアに置いていた芸能プロダクションの新栄《しんえい》プロは、村田だけをコロムビアに残し、北島、五月をクラウンに移籍させる。同時にクラウン第一号歌手のひとりとして社長の子息(現社長)、山田太郎《やまだたろう》をデビューさせた。「新聞少年」である。

畠山は移籍第一弾として用意されていた「袴《はかま》をはいた渡り鳥」の演奏録音、カラオケ録《ど》りも済ませたが、結局は同期歌手の北島が移籍することでコロムビアに踏みとどまった。この宙に浮いた「袴をはいた渡り鳥」のカラオケを使ってデビューしたのが、コロムビアで何曲もレコーディングしながらもお蔵入《くらい》りでデビューできなかった、チータこと水前寺清子である。

袴は畠山のトレードマークである。そこで〝袴をはいた〟の部分を、ちょっと意味が通じない〝涙を抱いた〟に改め、「涙を抱いた渡り鳥」1曲でチータはスターダムに上る。

さあ最大の大物、ひばりも思案に思案を重ねた。デビューする前、どの会社のオーディションもみな不採用だったひばりをデビューさせてくれたコロムビアに恩義を感じて、そのままコロムビア在籍を貫《つらぬ》いた。

しかし、ここまで育ててくれたディレクター連は、新会社のクラウンへ。そこでひばりは、クラウンの商品番号1、つまりクラウンのスタート曲をコロムビア在籍のまま録音。クラウンへのお祝い曲として発売してはなむけとした。それが〝任侠《にんきよう》もの〟の「関東春《かんとうはる》雨傘《さめがさ》」。晩年までひばりの地方公演などでもショーのトップに歌う歌として定着していた。各地の興行主へのご挨拶《あいさつ》曲として歌っていたという話もある。

●リンダも作曲家も「困っちゃう」だった

話が長くなった。クラウンの成功に続き、遠藤のミノルフォンも新たな成功を収めるだろうと言われていた。

まず、舟木一夫はじめ遠藤門下生たちが足並みそろえて新会社に入るのではないだろうか？　と噂されたのだ。

しかし、これがまかり通ってしまっては、作詞家や作曲家のレコード会社が乱立することになるのではないのか？

やはり、「餅《もち》は餅屋」でなければ。作曲家が経営者にはなれないだろうと、さんざん新聞や雑誌に叩かれた挙げ句、最終的にミノルフォンに集結した人気歌手は皆無。歌手たちは先生のもとにはせ参じたくとも、各レコード会社が手放さない。

ということで三船和子《みふねかずこ》、千昌夫《せんまさお》、津山洋子《つやまようこ》、大木英夫《おおきひでお》ら新人だけの船出となる。

最終的に三船は「他人船」、千の「星影のワルツ」、津山と大木の「新宿そだち」と続々と大ヒット曲は生まれていくことになるのだが、スタート当初はまったくヒットが出なかった。テレビの放送にも使ってもらえず、自分たちで歌番組を制作しなくてはならない。

しかし、ひとりとして人気スターがいないのだから、遠藤自身が出演。レコードの両面の制作費用がなく、B面にカラオケだけを入れた盤を発売したこともあった。しかし、それが意外にも人気になって、のちのカラオケブームが到来することになる。

リンダ曰《いわ》く、初めて遠藤のもとにレッスンに行ったときの会話だ。

「きみはボーイフレンドはいるの？」

まだ15歳。そのときリンダは、こう答えたという。

「え～、困《こま》っちゃうナ」

遠藤はピンときた。閃光《せんこう》が轟《とどろ》いた。遠藤から晩年聞いた話。

「リンダ君のひとことを聞いたとき、僕は『ああ本当にそうだな』って思いましたよ。レコード会社を立ち上げたものの一向にヒット曲が出ない。このまま永久にヒットが出なかったらどうすればいいんだ。困ったな、困っちゃうナ。自分の今の気持ちに本当にぴったりの言葉でした」

遠藤はそのまま詞を書いた。

♪こまっちゃうナ　デートに誘われて……。

かわいらしい女の子の言葉で、独立してヒット曲を出せない自分の姿に重ね合わせたのだった。

今までの演歌調のものとは違う感覚で、曲もそのまま作られた。レッスンをすると、リンダの舌っ足らずな歌唱法がいい。

昭和41（1966）年9月20日、会社を設立して80曲目の作品「こまっちゃうナ」がレコード店に並ぶ。

するとその甘ったるい歌声はたちまち全国に流れた。

デビュー前からテレビでマスコット・ガールをつとめていたことから、それまでの新人とは扱いが違った。テレビで歌うと、日本人離れした憧憬《しょうけい》のまなざしが注がれる容姿に加え、持ち前の長身に流行しはじめていたミニスカートをはいて歌うスタイルが日本人の心を刺激した。アイドル歌手という言葉はまだなかったから、まさに「かわいこちゃん歌手」の代表選手になったのである。

そして翌年の大みそか、ミノルフォン創立2年目にして早くもリンダは「紅白歌合戦」に選出されて「こまっちゃうナ」を歌う。

バックには先輩の弘田三枝子《ひろたみえこ》、仲宗根美樹《なかそねみき》、梓みちよ、金井克子《かないかつこ》、同じ初出場の黛《まゆずみ》ジュンらが踊りで応援し、ステージをパッと明るくした。

リンダは言う。

「紅白でもミニスカートが短すぎるとお叱《しか》りを受けちゃって……」

遠藤が1年ほど前に思っていた「困ったな、困っちゃうナ」という焦《あせ》りの気持ちが、結果になって現われた瞬間だった。

リンダはこの1曲をなかなか超えられずにいたが、5年後の昭和47（1972）年、かわいこちゃん歌手から脱皮、「どうにもとまらない」で、みごと大人の歌手としてカムバックする。

「次はへそ出しルックが話題でしたでしょ？　ヒットしてからもNHKの番組では、へそ出しは禁止だったんです。でも『紅白』の本番、夢中で踊ってたら、へその上で結んでたシャツがほどけちゃって。へそが出ちゃったの。でも、それから解禁になりました」

と笑った。

あなたの○○○○が欲しいのです

美・サイレント

山口百恵

作詞／阿木燿子　作曲／宇崎竜童　1979年

●口《くち》パク部分は、何と言っているのか？

昭和の歌姫のひとり、山口百恵《やまぐちももえ》は昭和48（1973）年にデビュー以来、はじめの14歳から15歳の時期には〝青い性路線〟の歌と、「伊豆《いず》の踊子」「絶唱」などの文芸作品の映画や「赤い運命」「赤い迷路」などのドラマ〝赤いシリーズ〟で大スターへの階段を駆け上がった。

21歳で映画やドラマの恋のお相手だった三浦友和《みうらともかず》と結婚して引退するまでの7年あまりを、トップスターとして走った。制作ディレクターの話によれば「いつもファンを裏切る楽曲づくり」を目指していたという。

♪恐くない　アアア　恐くない……

と、青い性路線で「禁じられた遊び」を歌ったと思ったら、次作「春風のいたずら」では反対に、

♪恐いわ　恐いわ　恐いわ……

と幼い少女を演じる。

阿木燿子《あきようこ》・宇崎竜童《うざきりゅうどう》コンビで、

♪馬鹿にしないでよ……（「プレイバックＰａｒｔ２」）

♪はっきりカタをつけてよ……（「絶体絶命」）

と、ちょっと悪ぶってみたら、「夢先案内人」「乙女座《おとめざ》宮《きゅう》」で夢の世界にいざなったり。さだまさしの「秋桜《コスモス》」で嫁ぐ娘を演じ、谷村新司《たにむらしんじ》の「いい日旅立ち」で旅情を歌う。まさに毎回毎回、山口百恵はどう出てくるか……が楽しみだった。

そんな中、「いい日旅立ち」の次作品として、昭和54（1979）年3月に発売になった「美《び》・サイレント」がある。

歌詞の中に出てくる、

♪あなたの○○○○が　欲しいのです
燃えてる××××が　好きだから……。

この○○、××の伏字《ふせじ》の部分は歌わないのだ。マイクから口を離して何かは言っているようなのだが、分からない。演奏は続いているが、そこの部分だけは言葉が聞こえなくなるドキドキ感とハラハラ感がこの歌にはあった。そこが、より不思議な歌にさせていた。つまり、そこだけが口パクなのだ。

「何て言ってるのだろうか?」

が、巷の話題になったものだ。

私は男子校に通っていたこともあり、かなり下品な言葉を入れて歌う、馬鹿な友人たちもいたものである。

百恵はちょうど三浦友和と恋仲が噂されていた時期だった。恋人宣言をするのはこの歌を歌ったあとのことだ。しかし映画でもドラマでも一緒のふたりは、まさにお似合いのカップルに見えていた。

♪あなたの○○○○が　欲しいのです……

は、まさにちょっとエッチな想像もふくらませた。

それは百恵の歌が少女の頃から、

♪あなたが望むなら　私　何をされてもいいわ……（「青い果実」）

であり、

♪あなたに　女の子のいちばん大切なものを　あげるわ……

だったからだ。

確かにこの「ひと夏の経験」のときも、女の子の一番大切なものとは何?　と言われた。そのインタビューに対して、百恵は「まごころ」と答えていたものである。

作詞した千家和也《せんけかずや》は、ちょうどこの頃に殿さまキングスの「なみだの操《みさお》」を書いて大ヒットさせている。

♪あなたのために　守り通した　女の操……

と書かれている。守り通したというのだから「貞操《ていそう》」のことだろう。「貞操を守る」というのも、ちょっと今では死語になってしまったが、貞操とは男女が相互に性的純潔を守ること。特に女性の男性に対する純潔のことを指す。

さらに千家は、百恵と同じ年齢の西川峰子《にしかわみねこ》（現・仁支川峰子）には、

♪あなたにあげる　私をあげる……

と書いて大ヒットさせている。

いわば、そういったドキドキ感ある歌が、千家の手によって続々と登場していた時代だったのだ。

それから4年、15歳だった百恵は、19歳になっていた。

さらりと、

♪あなたの○○○○が　欲しいのです

燃えてる××××が　好きだから……

と歌う。

さりげないだけ、意味深《いみしん》に聞こえた。感情が冷めているように表現すればするほど、百恵の歌は過激に聞こえたのだ。

●「ザ・ベストテン」で明かされた答え

「Be《ビー》 silent《サイレント》」は「静かに」を意味する。静かに心で語る○○○○の口パク部分が、妖《あや》しさを増加させたわけだ。

さてここには、どんな言葉が入るのだ？

実は最初のうちは、

「分からない」

「決まっていない」

と、言われていたが、ヒットして話題になってくると、想像がふくらんで、

「あれは、く・ち・づ・け・が欲しいと言っている」

「実はおち●●●だ」

と、お下劣《げれつ》な発想から、

「いやいや、あれは〃ともかず〃（友和）が欲しいのです……と歌っている」

「違う。あなたの〃ざいさん〃（財産）が欲しいのです……だ」

「何をおっしゃる、欲しいのは〃お・い・の・ち〃（お命）です」

と、どんどんとエスカレート。

それほどまでに、この歌は巷の話題になってしまったのである。

黒柳徹子《くろやなぎてつこ》と久米宏《くめひろし》が司会していたＴＢＳの「ザ・ベストテン」に百恵は常連だった。番組に対して、

「あれは一体何を言っているのか」

と、たくさんの問い合わせが来た。

ということで、この歌がベストテンから落ちる前、つまりこの歌で登場する最後の頃の「ザ・ベストテン」に出演したときに、その種明かしをしたことがあった。私はそれを自宅のテレビで見たことをしっかりと覚えている。

百恵本人はその部分を歌わなかったが、口パクのときに、テレビの画面にテロップが出されたのだ。

「やっぱりそうだったのか」

「安心した」

と、感じたのは、

♪あなたの○○○○が　欲しいのです……

のとき、「情熱」とテロップが流れたからだ。

そしてそのあと、

♪燃えてる××××が　好きだから……

そうだ。ここのテロップは「と・き・め・き」だったのである。


「実はこの口パク部分、最初は今より長かった」

と、アレンジャーの萩田光雄《はぎたみつお》氏に聞いたことがある。私の作曲の作品をアレンジしてくれたときのことである。

「竜童さんの曲は、最初4分音符で8拍、つまり2小節の長さがあったんです。でもやっぱり長いでしょうっていうことになって、4分音符で4拍、○○○○（この部分の音「ミミラソ…」）の長さにして、この部分のためだけにレコーディングをし直しました」

そうしてとうとう驚きの♪○○○○は完成していたのである。

百恵は、この歌を歌った昭和54年10月20日、大阪厚生年金会館でのリサイタルで「私が好きな人は、三浦友和さんです」と恋人宣言。友和も記者会見で「結婚を前提に付き合っています」と発言した。

さらに翌年には婚約発表とともに芸能界からの引退を公表した。

そして昭和55（1980）年10月5日、日本武道館で開かれたファイナル・コンサート。最後の歌、「さよならの向《む》こう側」を歌いきり、深々と礼をした百恵はマイクをステージの中央に置いて、舞台裏へと去った。11月19日、結婚。

その後、家庭を守り、ミュージシャンの三浦祐太朗《ゆうたろう》、俳優の三浦貴大《たかひろ》の母として、情熱とときめきを注ぎ続けている。

あなたを殺していいですか——情念の女のモデルとは?

天城越え

石川さゆり

作詞／吉岡 治　作曲／弦 哲也　1986年

●なぜ世代を超えたスタンダード・ナンバーになったのか

これぞ、ニッポン歌謡の名作。石川さゆりを〝演歌の女王〟の座に押し上げた1曲。いまやカラオケのスタンダード・ナンバーとしても君臨している。

それも若い女の子、ＯＬたちがこぞって歌う演歌といえばこの曲しかない。

♪あなたと越えたい　天城越え……

と、切々《せつせつ》と石川さゆりになりきって歌う歌なのである。

しかし「津軽《つがる》海峡・冬景色」と並んで石川さゆりの代表作にして大ヒット曲と思いきや、実はこの歌、発売当初は決して売上が高い歌とは言えなかったのである。

「オリコン」のレコードのシングル盤の売上調査によれば、彼女の最大のヒット曲、昭和52（1977）年元日発売の「津軽海峡～」は72・7万枚。それからアルバムで何回も復刻され、シングルＣＤとしての再発売もあったから、とうに100万枚の大台には乗っているだろうが、なんと「天城越え」の当時の売上枚数は、たった5万枚足らずだったのである。

「天城越え」の前に出した「波止場しぐれ」「大阪つばめ」、「天城越え」の後発曲「夫婦善哉」などが軽く10万枚から20万の売上を果たしているのにもかかわらず、この歌だけがガタッと落ちていたのだ。それがなぜ、この歌は生き延《の》び、誰もが１００万枚突破のミリオンセラーと疑わないほどの名曲に育ったのであろうか？

石川さゆりは昭和48（１９７３）年3月25日、15歳になったばかりの時点で「かくれんぼ」という歌でデビューを果たした。子どもの頃から歌がうまい美少女だった。エンジェル・ハットをかぶり、アイドルとしての要素も十分兼ね備えてのスタートだった。

所属していたホリプロダクション（現・ホリプロ）では、前年7月1日に森昌子をデビューさせ、「せんせい」の大ヒットを放ち、暮れの新人賞レースのトップグループとして華やかな芸能生活をスタートさせていた。さゆりのデビュー時には第3弾の「中学三年生」が大ヒット、「オリコン」チャートの3位をキープしていた。

昌子もさゆりも最終的には演歌の代表歌手に育つわけだが、当時の昌子は誰もが疑わぬアイドル歌手だった。そしてさゆりも、その可愛らしい容姿でアイドルの道を歩んでいった。

さゆりと昌子は同じ昭和33（1958）年の生まれである。しかし、さゆりは早生まれだから、実質的には学年が1年上になる。さゆりのデビューから遅れること2カ月、5月21日にホリプロでは、昭和34（1959）年早生まれで昌子と同級生の山口百恵を「としごろ」でデビューさせた。

「せんせい」「かくれんぼ」「としごろ」。

3人ともひらがなのタイトルでのデビューだった。

ホリプロはすぐさまこのローティーンの3人を〝ホリプロ三人娘〟として売り出しにかかった。

そうである。昌子と百恵、もうひとりの三人娘は、最初は桜田《さくらだ》淳子《じゅんこ》ではなく、石川さゆりだったのである。

●歌謡界〝三人娘〟の歴史

三人娘の歴史は興味深い。

2018年で生誕81年を迎える美空ひばり、江利《えり》チエミ、雪村《ゆきむら》いづみの同じ年生まれ（昭和12年＝1937年）が映画のために三人娘を組んだのは、昭和30（1955）年の「ジヤンケン娘」だった。しかしその頃、この3人は個々に大スターだった。大ヒット映画を作成するための顔合わせだったのである。

そのあとの三人娘といえば、中尾ミエ、伊東ゆかり、園まりの〝ナベプロ三人娘〟を思い出す。ナベプロとは渡辺プロダクションのことだ。

16歳の中尾ミエが「可愛いベイビー」でヒットを飛ばしていたところを見計らって、デビュー4年目で、ヒットがなかったミエよりひとつ年下の伊東ゆかりを売り出すため、最初は沢《さわ》リリ子という歌手と三人娘を組ませた。

ところが、沢だけが渡辺プロダクション所属ではなかったため、童謡歌手だった園まりをポップス歌手に転向させてデビューさせ、三人娘のひとりにしたところ、俄然人気が出たのだった。

その渡辺プロは森昌子たちの三人娘の前に、新たな三人娘を作っていた。

「わたしの城下町」の小柳ルミ子、「水色の恋」でデビューした〝白雪姫〟こと天地真理に、後々女優としての活躍が多くなる山口《やまぐち》いづみがそのメンバーだったのである。

ところが山口は三人娘から脱け、違うプロダクションに在籍していた南《みなみ》沙《さ》織《おり》が三人娘に加わって、新アイドル時代を形成した。昭和46（1971）年のことである。

この小柳、天地、南の三人娘が人気絶頂のときに生まれたのが、昌子、さゆり、百恵による〝ホリプロ三人娘〟だったのである。

ところが、さゆりだけが今ひとつ人気が出なかった。

昌子と百恵は日本テレビの「スター誕生！」から生まれたスターだったのだが、さゆりだけは違った。

そこで、さゆりと同じくエンジェル・ハットをかぶって「天使も夢みる」でデビューしてきた、昌子、百恵と同学年で「スター誕生！」出身の桜田淳子が、さゆりに代わって三人娘に入り、〝花の中三トリオ〟として大スターへの道を歩むことになるのである。

三人娘ではなくなったさゆりは、ヒット曲からも見放された。

スターたちが集う写真撮影会などでも、どんどんまん中の位置から追いやられ、端っこに並ぶようになっていた。アイドルチックな歌を歌ったと思ったら、急に演歌を歌ったり、戦後の名作「青い山脈」を新曲扱いとしてシングル化したり。〝これ！〟という決定打を持たぬままに月日は過ぎた。

「耐えて3年、忍んで2年」。

デビュー5年目、昭和52（1977）年1月1日。前年発売のアルバムに入れられていた1曲、「津軽海峡・冬景色」のシングルカットによってスターの仲間入りを果たしたのである。この「津軽海峡・冬景色」を皮切りに、「能登《のと》半島」「暖流」の〝旅情三部作〟でヒット歌手として認められた。

ところが21歳で結婚した百恵に次いで、さゆりも23歳で結婚、26歳で一児の母になった。それは幸せを絵に描いたような人生でもあった。

〝旅情三部作〟のあと、レコードの売上こそ落ち着いてはいたものの、コンスタントにヒット曲を重ね、すでに文句なく「紅白歌合戦」の常連のひとりに選ばれる歌手に成長していたのである。

普通であれば、人妻になった女性歌手は人気が凋落《ちょうらく》すると言われていたものだが、そのやさしさ、テレビのブラウン管を通して見せる母親の姿は、健気《けなげ》であり、りりしくもあった。それがさゆりの人気の安定につながった。さらに百恵は芸能界を引退したが、さゆりは引退せずに仕事と家庭の両立を上手にこなした。

これが〝石川さゆり〟というポジションだった。演歌の代表歌手のひとりではあったが、しかし決して〝演歌の女王〟ではなかった。

そんな時期に、女性演歌界に大きな波紋が広がる。

●〝演歌の女王〟の座

昭和59(1984)年、〝演歌の女王〟と自他ともに認めていた都《みやこ》はるみが突然、「普通のおばさんになりたい」と歌手引退を発表。これはその7年前、人気アイドルだったキャンディーズが解散を発表したときに使った「普通の女の子に戻りたい」にならったもの。はるみは、その年の「紅白歌合戦」で「夫婦坂《めおとざか》」を歌って大トリをつとめ、歌手生活をストップさせた。

さらにはるみ引退で〝演歌の女王〟への道が約束されたはずの森昌子は、翌年の「紅白」でトリは歌ったものの、その翌年、かねてから噂だった森進一と結婚し引退。

なんと! 2年間で演歌界を支えるトップ女性歌手がふたりも歌謡界から消えていったのである。それが昭和61(1986)年。

まさに時流が、石川さゆりのもとに駆け寄ってきた。

〝演歌の女王〟の座が、彼女にゆだねられるときが来たのである。三人娘のときに手放した幸運は、こうして彼女の手の中に自然と戻ってきた。

そしてそのときに渡された作品こそが「天城越え」だったのである。

それまでのさゆりの作品づくりは、安定感とやさしさを前に出していた。それが彼女のポジションだからだ。

幸せな家庭人、石川さゆりのイメージは良妻賢母《りょうさいけんぼ》そのものだったのである。女王ではいけない。だから、色にたとえれば、淡《あわ》いピンクだったり淡いイエローだったり、ブルーだったりしていた。決してどぎつい色ではいけない。それが石川さゆりの存在そのものを歌手の世界の中で確実に位置付けていた。それが安心感をもたらし、安心感を生んだ。現に「天城越え」に出合う前年も、その柔和さゆえにヒットした「波止場しぐれ」で「レコード大賞」最優秀歌唱賞を受賞している。

「津軽海峡・冬景色」の年に受賞を逃した、何が何でも欲しかった賞が彼女の掌中《しょうちゅう》におさまった。

しかし、今度の歌ときたら、まさかの展開である。

♪誰かに盗《と》られる　くらいなら
あなたを　殺していいですか……。

●歌の主人公は歴史に名高い情念の女

この、♪あなたを殺していいですか……と、情念に燃える女は、ある人物をモデルにしていた。それは鎌倉《かまくら》幕府を開いた源《みなもとのよりとも》頼朝の正室、北条政子《ほうじょうまさこ》だったと作詞の吉岡治が語っている。

政子は伊豆国《いずのくに》の豪族、北条時政《ときまさ》の長女として保元《ほうげん》2（1157）年に生まれた。平家の流れをくむ父・時政は伊豆の在庁官人《ざいちょうかんじん》（地方の官僚のこと）をつとめ、平治《へいじ》の乱で敗れてこの地に流されていた頼朝を監視する役回りでもあった。その頼朝と娘の政子が、まさかの恋に落ちてしまうのである。当然、父は慌てふためき猛反対する。

『源平盛衰記《げんぺいせいすいき》』では、時政は平家にこのことが発覚することを恐れ、伊豆目代《もくだい》（在庁官人を指揮する立場の役人）の山木兼隆《やまきかねたか》に嫁がせる計を案じるという話が書かれている。山木も流人《るにん》ではあったが、もともと平家一族で、平家の政権が成立すると目代になっていた。しかし政子は山木との婚礼の最中、屋敷を抜け出し自分が愛する頼朝のもとに走るのだ。

〝こうと決めたらまっしぐら〟。政子の情念がほとばしる逸話だ。

♪戻れなくても　もういいの

くらくら燃える　地を這《は》って……

その一途さに父も納得せざるをえなかった。やがて頼朝が平家の軍勢を破って関東を押さえると、源氏の時代を迎える。鎌倉に拠点を置いた頼朝は鎌倉殿《どの》（鎌倉幕府の頂点の意味）とよばれ、正室の政子もまた御台所《みだいどころ》とよばれ敬《うやま》われるようになる。

養和《ようわ》2（1182）年、政子はふたり目の子を授《さず》かった。この子がのちの2代将軍・頼《より》家《いえ》だが、その政子の妊娠中に頼朝は亀《かめ》の前《まえ》という若い女性を寵愛《ちようあい》するのだ。亀の前は頼朝が流人暮らしを送っていた頃から仕《つか》えていたが、美人で気立てもよいらしく、頼朝は〝政子懐妊《かいにん》〟を聞くとすぐ彼女を近くに呼び寄せた。出産後に時政の妾《めかけ》でのちに後妻となった牧《まき》の方《かた》から、この話を聞くと政子は怒り狂うのである。まあ父の妾から聞いて怒り出すというのも滑稽ではあるが……。

♪誰かに盗られる　くらいなら
あなたを　殺していいですか……

政子はすぐ牧の方の父・牧宗親《まきむねちか》に、頼朝が亀の前を囲っていた伏見広綱《ふしみひろつな》の屋敷を破壊させた。亀の前は命からがら鐙摺《あぶずり》（葉山町）へと逃げ隠れたが、広綱は遠江国《とおとうみ》への流罪に処される。

しかしこの時代は一夫多妻制である。

ましてや貴族や武家は、本妻だけではなく多数の妾に子を生ませ、一族安泰を図《はか》るのが普通だ。それを知らぬ政子ではなかったはずだ。ではなぜ、ここまで執拗に怒り狂わなければいけなかったのか？

それは伊豆の小さな豪族にすぎない北条氏と、高貴な源氏との家柄の格差にあったのではないか。御台所といえどもその地位は、決して安定したものではなかった。それゆえに政子は、情念の炎をめらめらと燃やして強い女を演じきったのではないのか。

石川さゆりもまた、今までの〝さゆりカラー〟を脱ぎ捨てるように、強い情念の女を歌で演じた。あえてスタッフや作家陣は、〝女王〟の道への峠越えをこの一発でやり遂《と》げようとしたのである。

良妻賢母の石川さゆりが、悪女のような熱情を魂を震わせて絶唱する。いや、絶叫に近い、ほとばしるような歌唱は、話題になった。

その作品性の高さと歌唱の力は認められ、「レコード大賞」金賞候補にノミネート。さらに12月31日、「紅白歌合戦」のトリに初めてさゆりは選ばれ、「天城越え」を歌うことになったのである。そのスケールの大きな歌はまったくトリにふさわしかった。

だが、話題ばかりが先行。レコード売上が伴わなかったのである。そのため次の曲はいつもどおりの夫婦演歌に逆戻り。「夫婦善哉」をリリースし、こちらは「天城越え」の4倍も5倍もの売上を果たしている。

●カラオケで歌われる歌のベスト10

通常であれば、この時点で「天城越え」は忘れられるはずだった。

カラオケで歌えないプロの歌として作ったのだから、カラオケで歌われることはないはずだった。

ところが、昭和の終わりから平成にかけて坂本冬美《さかもとふゆみ》、伍代夏子《ごだいなつこ》、藤《ふじ》あや子、香西《こうざい》かおり、長山洋子《ながやまようこ》ら新時代の美人演歌歌手が登場すると、OLたちも演歌を歌い出すことになる。それまでの「演歌イコール年寄りじみている」の図式が吹っ飛んだ。

そんな時代に、

♪あなたを　殺していいですか……

というあの歌が、カラオケで大きく復活するのだ。

たとえ、うまく歌えなくてもいい。あんな情熱的な女になりたい……と願いを込め、まるで自分が石川さゆりになりきって、迫真の演技で歌える歌として「天城越え」は若い女性の〝カラオケで演歌を歌うならこの歌〟ナンバーワンになっていったのである。

この歌には、どの年代の女性にも通じる〝何か〟がある。いや、それはきっと詞に出てくる女性が、今の自分に重なるからなのではないだろうか？

だからこそこの歌に心惹《ひ》かれた。

♪何があっても　もういいの
くらくら燃える　火をくぐり
あなたと越えたい
天城越え……。

この歌を歌う女性は、こんな生き方に共鳴していたのだ。

遠い存在の夢の世界にいる、火の女。

同時に男性の目から見る、いい女像がそこにはある。

しとやかでやさしくてつつましいだけではない。女は人を愛するとこんなにも大胆に、こんなにも強くなれるのだというアピールが、しっかりと詰まっている。

こうあってほしい、こういう女性になりたい……という願望が、この歌を女性たちの愛唱歌にした。

それがいつの間にか、「会社の上司とカラオケに行くときは、この歌だけがあればいい」というほど、若い女性たちの共通歌へと発展した。それは決して〝なつメロ〟とよばれない歌になった。

同時に、さゆりの「津軽海峡・冬景色」もまた次世代の女性たちのカラオケヒットになった。それを「なぜ?」と思い、カラオケで「天城越え」「津軽海峡・冬景色」を歌う20代の女性に質問したことがある。「天城越え」も「津軽海峡~」も生まれる前の歌なのに、「なぜこれを歌うの?」と。

「上司たちと歌いに行くときは、どっちかを歌います。とにかく受けるんです。特におじさんたちに。石川さゆりを歌うことで信用してもらえるみたいなところがあって。『天城越え』を先に歌っちゃう子がいたら『津軽海峡～』。もちろんカラオケで覚えた歌です」

へ～！　なるほど。

今なお、〝カラオケで歌われる歌〟のチャートにはJポップとよばれる新曲とともに、この2曲は、堂々と「歌われている歌」のベスト10に顔を出す。

そして「カラオケで歌われる歌のチャート」であまりにも長い間、上位をキープしているため、ある時期から大みそかの「紅白歌合戦」で石川さゆりは、この2曲を交互に歌うようになった。

●「紅白」で「津軽海峡・冬景色」と交互に歌う理由

「紅白歌合戦」が国民的行事とよばれるようになったのは、1年を振り返り、その年を代表する歌手が、その年に流行した、または発表した歌から選ばれて歌うということにあった。

さゆりも同期や同年の歌手たち、後輩たちが出場を決めてゆく中で「耐えて忍んで」、「津軽海峡・冬景色」で初出場を勝ち取った。たとえ大ヒット曲でなくても「天城越え」をリリースした年に歌った。

しかし、平成になって「21世紀に伝えたい歌」という形がとられるようになってから、過去のヒット曲で出場する歌手が増えるようになった。その年を代表するヒット曲が少なくなってきたという理由もあろうが、「紅白」はここ十数年で完全に違うものとなった。平成28(2016)年の「第67回紅白歌合戦」では、和田《わだ》アキ子が落選することで、それまで和田が最多出場だった39回に並び、女性のタイ1位を記録した石川さゆりは「天城越え」を歌ってトリをつとめた。

出場39回のうち、「紅白」でこの歌を歌うのは10回目だったのである。

平成19(2007)年の「第58回紅白」に彼女は、すでに「紅白」で5回目の歌唱となる「津軽海峡・冬景色」で出場したが、その年以来、翌年は「天城越え」、次の年は「津軽海峡~」、さらに翌年は「天城越え」、また「津軽海峡~」と、なんとこの2曲だけをずっと交互に歌ってきたのである。

平成29(2017)年、さゆりは紅組女性歌手でただひとりの40回目の出場を果たし、順番どおり「津軽海峡~」をトリで歌った。「天城越え」と同じく10回目の歌唱だ。だから、この2曲だけで「紅白」の半分を出場したことになる。

毎年、さゆりはコンスタントに新曲も発売しているし、それなりの売上だってある。

いくら人気曲だからといって、こうも2年に1回ずつ、交互に歌う必要があるものだろうか？　過去のヒット曲で「紅白」に歌われていない歌だってある。デビュー曲の「かくれんぼ」しかり、旅情三部作の「暖流」しかり、CMソングでも耳なじみの「ウイスキーが、お好きでしょ」しかり。

しかしながらこの2曲。

そうなのである。

ある時期からカラオケのヒットソングとして、石川さゆりはこの2曲のいずれかを歌ってほしいとNHKから要請されるようになった。

はじめのうちは、その年の歌を選曲する話し合いをしようと、スタッフも思っていたに違いない。現に40回目の出場が決まった際にも、インタビューで「私の中では、その年の石川さゆりの歌を歌って締《し》めくくりたいとも思っている」という本音をのぞかせている。

しかし、結局はこの2曲を交互に歌うことになる。

いや、実は一度だけ、この1年おきの交互歌唱が崩れそうになったことがあった。平成25（2013）年、「紅白」の初期から出場し続けていた島倉千代子《しまくらちよこ》が11月8日に75歳で亡くなった。後輩代表として葬儀で弔辞《ちょうじ》を読んださゆりに、NHKは〝「紅白」で島倉の歌を……〟と依頼した。しかしさゆりは「確かに可愛がっていただきましたが、都はるみさんや五木ひろしさんなど自分よりも仲の良かった先輩歌手がいらっしゃるのに、そんな出しゃばったまねはできません」と断わり、結局「津軽海峡～」を歌っている。

発売当時、この世に生まれていなかった若者たちが「紅白」でこの2曲を聞き覚え、いい歌だと感じた。カラオケで歌うのも、まさしく「紅白」で2年ごとにいつも聞くことになる歌だったからだ。それは昭和の名曲とイコールした。

発売から何年も経った、いわば〝なつメロ〟が、毎年のように歌うことで、反対に〝なつメロ〟にならなかったわけである。

同時にそれこそが、石川さゆりという歌手を現役として認める最大の材料になった。それはスタンダード・ナンバーを持つ現役歌手の証明に他ならなかったからだ。

こうなったら彼女には、この2曲を次世代の若者たちの演歌、つまりどの世代も知る曲として「紅白」で歌っていってほしい。過去の歌でもまだ「紅白」で歌っていいヒット曲があると思っていたから、私は2曲を交互に歌うことに否定的だったが、ここまでくるともう本物。これぞ文化、これぞ流行歌、昭和歌謡あっぱれ！　である。

41回目の出場になるであろう平成最後の「紅白」（2018年、第69回）は、「天城越え」でキマリだ！

奇跡が奇跡を生んでいった
帰って来たヨッパライ
ザ・フォーク・クルセダーズ

作詞／松山　猛　北山　修　**作曲**／加藤和彦　1967年

●史上初のミリオン・シングル

♪おらは死んじまっただ　おらは死んじまっただ
おらは死んじまっただ　天国に行っただ……。

昭和42（1967）年12月25日に発売、ザ・フォーク・クルセダーズ、略して〝フォークル〟が歌ったこの歌は、いわゆる「アングラ・フォーク」のブームを生み出した。テープを速回しした声で歌う前代未聞のレコードは、200万枚突破という空前の売れ行きを記録した。

「オリコン」チャートが発表されるようになったのがこの年からだが、「帰って来たヨッパライ」は史上初のミリオン・シングルとなり、同時に日本のナンセンスソング、コミックソングの代表的な歌となったのである。

飲酒運転で交通事故を起こして死んだ東北弁の「おら（俺）」を歌ったこの歌は、奇跡が生んだ作品だといえる。

戦後20年あまり、東京五輪で世界に復活した日本では、この時代に自家用車が一般的となった。同時にそんな日本の交通事情から交通事故が頻発《ひんぱつ》するようになっていた。

交通事故で死んだ「ヨッパライ」が、

♪おらは死んじまっただ……

と、歌うナンセンスなコミックソングには、社会風刺のエッセンスが込められていたのである。

テープの速回しで歌う幻のフォーク・グループ、フォークルは、昭和40（1965）年に当時大学生だった加藤和彦《かとうかずひこ》が雑誌「MEN'S CLUB」で結成をよびかけたことに始まる。

これにまず、北山修《きたやまおさむ》が参加。その後に平沼義男《ひらぬまよしお》、浪人生の井村幹生《いむらみきお》、芦田雅喜《あしだまさき》が加わって5人で結成されたのが最初だった。

「世界中の民謡を紹介する」というコンセプトが、「ザ・フォーク・クルセダーズ」のグループ名になる。「フォーク」（folk）とは「人々」「民族」のことだが、「民謡」の意味も持つ。

♪天国よいとこ　一度はおいで……

は、群馬県の民謡、

♪草津《くさつ》よいとこ　一度はおいで……

の「草津節」をもじっている。単調なメロディーも、どこか「草津節」を彷彿《ほうふつ》とさせるではないか。

まだこの歌が発表される前、メジャーになっていない頃からフォークルは、関西のアングラ（アンダーグラウンド）シーンでは人気が高かった。しかし昭和42（1967）年、芦田がヨーロッパ旅行に出かけることになり、その年の9月9日をもって解散することを決めたのである。

そこで「記念のレコードを1枚だけ作っておこうじゃないか」と北山が提案した。奇跡への第一歩である。製作費23万円を投じ、自費制作アルバム『ハレンチ　ザ・フォーク・クルセダーズ』を作った。わずか300枚のアルバムは世界の民謡などを集めたもので、のちに彼らがレコード発売禁止令を食う「イムジン河」も含まれていた。

『フォーク名曲事典300曲』（富澤一誠著／ヤマハミュージックメディア）に語る北山修の話を要約すれば、

「1曲だけオリジナルを作ろうということになった。死んだヤツがこの世に戻ってくるって話が面白かろう……ということから、♪おらは死んじまっただ……の詩ができた。エッセイストの松山猛《まつやまたけし》と一緒に考えました」

●自主制作のアルバムが完売していたら……

酔っぱらって車を運転し、交通事故で死んじまった「おら」は、長い雲の階段を通って天国へ登る。ところが天国でも酒と女に浮かれてばかり。

♪天国よいとこ　一度はおいで　酒はうまいし　ねえちゃんはきれいだ……

と、なる。

ところが天国に着いたら、なぜか関西弁を話す「こわい神様」が出てきて、「天国ちゅうとこはそんなに甘いもんやおまへんや〜〜、もっとまじめにやれ〜」と怒鳴られ、ついには天国から「出てゆけ〜」と追放されてしまうのである。

「神様の声は最初、女性にしようと思ったんですが適当な女性が見つからず、こわい男の神様になってしまった」

そう北山が語るように、神様は北山本人の声で通常の速度で録音し、速回しの伴奏の中にダビングしたという。

天国を追われた「おら」は、なんと生き返ってしまうのだが、歌のエンディングにはお経《きょう》が流れる。

お経はレコーディングの前日に思いついて、北山宅にあった木魚《もくぎょ》を使った。

これはビートルズの「ビートルズがやって来る　ヤァ！ヤァ！ヤァ！（A Hard Day's Night）」の歌詞の冒頭を、お経風に読み上げたもの。そのあとにベートーヴェンの「エリーゼのために」のピアノ演奏がフェードアウトしてレコードが終わるという、何ともユニークな発想の曲である。なお、この「エリーゼのために」のピアノは北山修の妹、孝子《たかこ》さんの演奏によるものだそう。

作曲した加藤和彦が、生前最後のニッポン放送でのインタビューでこんな話をしていた。

「録音は北山の自宅の居間でやりました。北山の家には語学学習用のオープンリールがあって、それを使って録音したんだけれど、速回しで聞くと音程が合わず1日がかりだった」

この歌を含めた自主制作アルバム『ハレンチ』は、彼らの最後のライブとなる10月25日に開かれた第1回「フォーク・キャンプ・コンサート」で販売された。活動の総決算として作ったアルバムが、この場で300枚を完売していれば、「帰って来たヨッパライ」は世に出ることにはならなかったはずなのだ。

まるでこれは天国の神様の思し召《おぼめ》しだったのか？

ある程度売れて、借金した制作費が回収できさえすればよかったものの、なんとレコードが当日50枚ほどしか売れなかったのである。

そこで「何とかしなければ」ということになって、北山が地元のラジオ局に持ち込んだのが運命の分かれ目となったのだ。奇跡を生む道が動き始めた。この時点で、放送局のプロの目が「帰って来たヨッパライ」、そして「イムジン河」を発見するのだ。

KBS京都では「イムジン河」が好反響を得たが、神戸のラジオ関西では「帰って来たヨッパライ」がセンセーションを巻き起こしていた。深夜番組「若さでアタック」で放送したところ、電話が殺到するのである。

「あの歌はなんや？」「誰が歌っとるんや？」

続けざまにラジオ関西が3日後に「電話リクエスト」で流すと、あっという間にヒットの波が押し寄せる。

翌週にはリクエスト第2位、そしてさらに翌週には第1位を獲得し、関西圏のラジオから頻繁《ひんぱん》に流れ始め、残りの在庫はあっという間に完売したのだ。

めでたしめでたし！

ところが、今度はそれでは済まされないことになってしまった。

「レコードはどこに行けば売ってるんや？」

●レコード会社の争奪戦

関西だけで流行り出した「帰って来たヨッパライ」を東京に持ち込んだのが、音楽評論家の木崎義二《きざきよしじ》だ。彼からこの歌のことを聞いたニッポン放送の高崎一郎《たかさきいちろう》が、自分でしゃべっていた「オールナイトニッポン」でオンエア。それが全国制覇の決め手となった。日本各地のレコード店に「このレコードは？」と問い合わせが殺到したのである。

高崎は当時、設立されて間もないニッポン放送の子会社、パシフィック音楽出版（PMP、現・フジパシフィックミュージック）の専務だった。

後年、テレビ番組「レディス4」（テレビ東京）の司会者としてもおなじみだった高崎は、私が『童謡の謎』を発売したばかりの時点から番組によんでいただき、大変褒《ほ》めていただいたものだ。今なお私の『童謡の謎』シリーズは、高崎さんの番組がベストセラーに育ててくれたと思っている。その点からいえば「帰って来たヨッパライ」と同じだったということなのかもしれない。

高崎の嗅覚《きゅうかく》の鋭さが、一度解散した幻のフォーク・グループを再結成させ、「〜ヨッパライ」というとてつもない歌を、世の中に紹介したのだ。

まず高崎は、「オールナイトニッポン」放送後の反響の確かさに何か違うものを感じた。すぐに新入社員を関西に派遣し、楽曲の原盤契約を結ばせた。その新入社員こそ、のちに大滝詠一《おおたきえいいち》や山下達郎《やましたたつろう》らを発掘しサポートすることになる朝妻一郎《あさつまいちろう》である。

ここで、レコード会社間における壮絶な〝フォークル争奪戦〟が繰り広げられることになったのである。最初にフォークルの全国発売の話を持ってきたのは、コロムビアだった。この年、昭和42年のコロムビアは、ジャッキー吉川《よしかわ》とブルー・コメッツ（ブルコメ）の「ブルー・シャトウ」でGS（グループサウンズ）グループに「レコード大賞」を受賞させている。加えて、ちょうど芸道20年の節目となった美空ひばりもブルコメと組んで「真赤《まっか》な太陽」を大ヒットさせた。その時代への目利《めき》きは証明されていた。

ところが発売は、早く見積もっても翌年の1月末か2月になるという。通常考えてみれば、それは妥当な線である。しかし、火がついているのは今なのだ。特にこの手の歌は時期を逃《のが》すと手応えがにぶくなる。

わずが数日のうちに、コロムビア以外の当時のメジャーレコード会社すべてがフォークル獲得のために動いた。しかし、どこも発売日がクリアできないのだ。そんな中で東芝レコードだけが、吹き込んだモノラル録音のテープ音源をそのまま使うことで、年内ギリギリ12月25日の発売を決めた。

加藤と北山が話し合った結果、新たにはしだのりひこを加えて、1年限りの約束でフォークルは、メジャー・デビューを果たすことになったのである。

つまりレコードでは、はしだの声は入っていない「帰って来たヨッパライ」だったが、テレビやライブなどでは速回しの声の部分をはしだが歌うことが多かった。

クリスマスに発売されたレコードは、大みそかまでの1週間で150万枚も売れた。

それまではラジオが生んだヒット曲だったが、テレビでも取り上げられるとラジオの深夜放送を聞かない子どもや大人たちの層にも浸透、レコード売上を伸ばしていったのだ。子どもも楽しめて、大人も納得できる歌。それから8年後の暮れに発売され日本一のヒットになる「およげ!たいやきくん」がこれと似たケースだといっていい。

●「イムジン河」、発売中止

発売して2カ月も経たない、昭和43（1968）年2月19日、赤坂の東京ヒルトンホテル（現在のザ・キャピトルホテル東急）でフォークルの記者会見が開かれる。「帰って来たヨッパライ」200万枚突破記念と新曲「イムジン河」の発表会だった。

「イムジン河」は、アルバム『ハレンチ』に選曲されていた歌で、京都の放送局ではすでに人気だった。「帰って来たヨッパライ」を北山修とともに作詞した松山猛が、京都在住だった韓国人の女子大生から教えてもらった朝鮮半島の歌だった。

松山は女子大生の話からイマジネーションを働かせ、民族が北と南に分かれる悲しみの歌に変えて作詞し、フォークルがアルバムに収録していた。

第一弾の「〜ヨッパライ」が一世を風靡したあとだけに、同じようなコミカル作品を推す人たちも多かったが、何しろフォークルは1年間限定のグループである。

時間的な余裕がない彼らは、やりたいことをやり、伝えたいものを発信し続けなければならない。そこでガラッとイメージを変えた哀歌《エレジー》を次の作品に持ってきたのである。

ところが、記者会見の数日前に在日本朝鮮人総聯合会《れんごう》（朝鮮総連）からクレームがついた。

「この歌は朝鮮民主主義人民共和国、つまり北朝鮮の歌で、作詞作曲者ともに存命。原曲の歌詞を変えて歌うことは著作権侵害である」

実は、レコード会社は国際著作権法上の問題はないと判断していたが、朝鮮総連との話し合いはついていなかったのである。

当然、「クレームが出ているが……」と報道陣から質問続出。混乱のまま会見は幕を閉じた。そして翌日、東芝レコードは協議の結果、「日本語詞が原詞に忠実ではないことを反省し発売を中止します」と発表。

「イムジン河」は幻の歌となった。

21世紀になって、平成13(2001)年の「紅白歌合戦」で韓国出身の歌手、キム・ヨンジャがこの日本詞で歌い解禁。平成14(2002)年3月には、発売中止の翌年の昭和44(1969)年に録音されたフォークルの音源がシングルCDで発売になった。実に34年もの間、お蔵入りだったのである。

●「悲しくてやりきれない」は、こうしてできた

「イムジン河」の発売が中止され、新曲をすぐに作らなければならなくなった。それが

「悲しくてやりきれない」だった。

加藤和彦は、「イムジン河」のメロディーを譜面に書き、それを逆に辿《たど》っているうちに、新たなメロディーがひらめいたという。

しかし、実際は譜面に書いたのではなく、「イムジン河」のテープを逆回転させてイメージを作った。

「～ヨッパライ」しかり、この「悲しくてやりきれない」しかり、フォークルの歌はテープレコーダーの技術によってヒット作を生んでいったことになる。確かに「イムジン河」を逆回転させてみると、実に悲しいメロディーになる。

その出来たての曲を持って、ニッポン放送の高崎は東芝のディレクターを引き連れ、「困難に立ち向かうために」と作詞界の大御所、サトウハチロー宅にタクシーで向かった。作詞の依頼だった。

「リンゴの唄」「長崎の鐘」「うちの女房にゃ髭《ひげ》がある」といった歌謡曲にとどまらず、「うれしいひなまつり」「ちいさい秋みつけた」などの童謡まで数多い作品を書き残すサトウが現代の話題のフォーク歌手に詞を書く。

サトウはその場で曲に合わせて、フォークルの気持ちを、

♪このやるせない　モヤモヤを　だれかに告げようか……

と書き、

♪このもえたぎる　苦しさは　明日も続くのか……

と、記した。

「帰って来たヨッパライ」に次いで、「イムジン河」の発売中止が、この名曲を生んだのである。これまた奇跡なのである。

そしてその年9月4日、フォークルは解散の会見を行なった。北山が学業に戻るためという理由からだった。北山は開業医の家に生まれている。

「僕はどんなことがあっても医者にならなければならないし、もしできなかったら親戚《しんせき》にもファンにも〝あいつは馬鹿だ〟と言われるだろう」

とコメントした。

もちろん北山はその後、医者としての道を究《きわ》めると同時に、歌手としては加藤と「あの素晴しい愛をもう一度」を歌ったり、フォークルを再結成したりしたが、ほかにもはしだのりひこがフォークル解散後に作ったグループ、シューベルツに「風」、その後のクライマックスに「花嫁」、ほかにもジローズの「戦争を知らない子供たち」、ベッツィ&クリスの「白い色は恋人の色」、堺正章《さかいまさあき》の「さらば恋人」などの作詞家として活躍した。
そして東芝との契約が切れる昭和43年12月5日に、五木寛之が作詞した「青年は荒野をめざす」が発売になった。幻のフォーク・グループ、フォークルは、まさにいくつかの奇跡を残して終わりを告げた。

♪死んじまっただ……。

「～ヨッパライ」が入っていた自主制作アルバムが、50枚しか売れずに借金に困っていた時代からちょうど1年。それはまだ「ヨッパライ」が全国発売される前だった。あれから1年、たった1年……。
死んじまった彼らは、また新たなる荒野をめざし出したのだった。

ひとつの歌が、死刑宣告された日本兵を救う

あゝモンテンルパの夜は更けて

渡辺はま子

作詞／代田銀太郎　作曲／伊藤正康　1952年

〝国民的歌手〟が誕生するまで

昭和10年代から、「支那《しな》の夜」「蘇州夜曲《そしゆうやきよく》」「何日君再来《ホーリーチンツアイライ》」など中国歌謡を歌い、あでやかなチャイナ服に中国扇をかざし、〝チャイナ・メロディーの女王〟と称された歌手、渡辺はま子。国民的な歌手として戦前から人気を得、かの美空ひばりが登場して〝歌謡界の女王〟とよばれるようになるまで、彼女こそが事実上の〝歌謡界の女王〟だったと言ってもよい。ひばりが出場するようになるまでの「紅白歌合戦」でも第1回から紅組のトリをつとめているし、現にひばりが「紅白」に初出場した年の紅組のトリは渡辺だったことから見ても、納得に値《あたい》する。

中国歌謡のヒットが多かった縁からか、戦時中は大陸への兵士慰問音楽会を9回も行なったが、天津《てんしん》で終戦を迎えた。日本には帰れない。捕虜である。足止めを食わされて、やっと帰路に就《つ》いたのは翌年、昭和21（1946）年5月になってからのことだった。

そんな苦しみ、悲しみ、憤《いきどお》りが彼女にひとつの歌を歌わせた。それが世の中を驚愕させることになり、異国の地で実際は死ぬはずだった人々を救った。これは語り継がなければいけない、日本の歴史のひとつなのである。

そのストーリーは想像を絶するものであり、それはまさに渡辺はま子を〝真の社会派歌手〟とよぶにふさわしい状況に変える作品となっていった。

渡辺はま子はその名の通り、神奈川県は横浜の生まれ。本名は漢字で濱子と書いた。美貌で知られたが、それもそのはず。祖父がアメリカ人で、はま子はクォーターだったのだ。それが彼女にとっては苦労のタネにもなった。

武蔵野音楽学校（現・武蔵野音楽大学）を卒業したのが昭和8（1933）年のこと。当時、歌手、音楽家というものは音楽学校を出た人間たちだけがなり得る職業であり、それも歌手というもの自体、オペラやクラシックを歌う声楽家のことを指していた。

つまり、流行歌の歌手に憧れるという音大出はいなかった。

ところが、昭和3（1928）年になり、日本にレコード会社のプレス工場が建ち、現在のコロムビア（日本コロムビア）やビクター（ビクターエンタテインメント）が本格的に始業した。いや、それまでもレコードというものはあるにはあったのだが、一度日本で録音した音源をアメリカに運び、それをプレスしてからふたたび日本に戻して売っていた。しかし、それでは時間を要するし、何より出国税やら入国税などほかにも売ったり買ったりの税金までかかって、レコードは一般家庭まで普及しなかった。高価だったのである。

それが国内にプレス工場ができることにより、日本のレコード業界が急速に発展したということになる。そこでクラシックやオペラだけではなく、流行歌も発売するようになる。その第一号が、NHKの朝の連続テレビ小説「いちばん星」（昭和52年）の主人公として取り上げられた佐藤千夜子《さとうちやこ》だ。彼女は「波浮《はぶ》の港」「東京行進曲」「毬《まり》と殿さま」「紅屋《べにや》の娘」「唐人《とうじん》お吉《きち》」など数多くのレコードを発売、それこそ日本最初のレコード・スター、つまり〝いちばん星〟になった。

千夜子は音楽学校の出身だったが、流行歌を歌ったために周囲から白い目で見られ、結局〝日本最初のレコード歌手〟の名誉をかなぐり捨てて、イタリアに留学してオペラを学んだ。だが最終的に声楽家としての名声を得ることはなかった。

淡谷《あわや》のり子もまた音楽学校を卒業したあとに生活のためにと流行歌を歌ったため、卒業生名簿からその名が抹消《まつしよう》されたというし、藤山一郎は学校にばれないようにと、名前を隠して歌ったが見つかってしまい停学処分になった。そんな時代だったのである。

はま子は、卒業後は横浜高等女学校（現・横浜学園高等学校）で音楽教師をしていたが、音楽学校在学中に指導を受けた徳山璉《とくやまたまき》の推薦付きでビクターに入社した。ところが翌年、映画「百万人の合唱」に出演するため、勤務先の横浜高女を休んだことから保護者たちが学校に抗議、新聞沙汰にまで発展し、結局は教職を辞してしまう。流行歌手の道しか残されていなかったわけだが、初の大ヒット曲まで3年待たねばならなかった。

そして初めてのヒット曲が「忘れちゃいやよ」。これは発売直後からヒット街道を大驀《ばく》進《しん》し、あっという間にはま子の名が全国に轟く。ところがそこに待ったがかかるのである。

♪忘れちゃいやよ　忘れないでね……

と、ちょっと鼻にかかった甘ったるい歌声に対して政府の内務省から、「あたかも娼婦《しょうふ》の嬌態《きょうたい》を眼前で見るが如《ごと》き歌唱。エロを満喫させる」と、ステージでの上演禁止とレコード発売禁止の統制指令が下ってしまったのである。

やっとつかんだヒット歌手の余韻に浸《ひた》ることすらできなかった。

そのためビクターではすぐに歌詞と歌い方を多少変え、歌い出しの「月が鏡であったなら」をタイトルにして再発売し、売り続けた。続く「とんがらがっちゃ駄目よ」もすぐにヒットの兆《きざ》しが出たが、やっぱり発売禁止。はま子はクサッてしまう。

確かにちょうど日中戦争が起きた頃だ。町には、♪勝って来るぞと　勇ましく……と、軍国歌謡が流れている中で、♪忘れちゃいやよ　忘れないでね……でもなかったのだ。

この歌のヒットと前後して、歌謡界では「あゝそれなのに」「ふんなのないわ」「ゆるしてね」といった甘ったるい〝ネェ小唄〟が続々と流行、その旗頭的存在の渡辺はま子こそが、頽廃《たいはい》的でエロチック歌手の代表者だというイメージを勝手につけられてしまったのである。そんなこともあって休業を余儀なくされ、はま子はビクターを追われた。

同時に流行歌を浄化させようという目的で「国民歌謡」が作られるようになり、東海林太郎の「椰子の実」、二葉《ふたば》あき子で「牡蠣《かき》の殻《から》」といった格調高い抒情《じょじょう》歌の名作が作られていった。翌年、コロムビアに移籍したはま子は、右に倣えの格好で「愛国娘」や「軍国女性」といった戦時歌を歌ったものの、彼女の魅力はまったく引き出されなかった。

そして自分が蒔《ま》いたタネが大きくなって、結局作られることになったともいえる健全な「国民歌謡」を歌うことによって、皮肉にも彼女は〝エロ歌手〟から〝国民的歌手〟に変わっていくのだ。その歌が「愛国の花」。

これを発火点にして、同じ昭和13（１９３８）年暮れには、「支那の夜」にめぐり合い、「広東《カントン》ブルース」「いとしあの星」「蘇州夜曲」と大陸歌謡を続々発表することになってゆくのだ。

はま子は陸軍報道部からの依頼で、従軍慰問《いもん》団に加わった。貨車の上でも戦闘機の前でも、はま子は美しい衣装を身にまとって歌った。はじめは自分自身、慰問することによって〝エロ歌手〟のイメージを拭《ぬぐ》うためだった。でも反対にチャイナドレスを着て、まるで挑発的に歌うはま子は、兵士たちに高い人気を得ていたのだ。それはそこに〝エロさ〟があったからだ。

●処刑された日本兵

そのうち中国だけを相手にしていた日本の戦争は広がって、世界大戦となってゆく。昭和16（1941）年12月8日未明の真珠湾《しんじゅわん》攻撃で、日本はとうとうアメリカを相手にすることになった。はま子にとって、祖父の生まれた国と戦争をしなければならなくなってしまったのだ。いや、だからこそはま子は、それまで以上に日本軍の慰問を続けようと心に決めた。そして最後には、戦地で捕虜として1年間もの収容所暮らしを余儀なくされるまでになっていったのである。しかし、その間もはま子は、日本人の捕虜仲間を美しい歌声で慰《なぐさ》め励まし続けていた。収容所でも引揚船の上でも歌った。

「歌の力はすごい！」。はま子は、そう感じてならなかった。

やっとの思いで日本の土を踏んだはま子は、歓迎されるように「雨のオランダ坂」から

「東京の夜」「火の鳥」「桑港《サンフランシスコ》のチャイナ街《タウン》」「夜来香《イエライシャン》」と戦後の巷《ちまた》に続々とヒット曲を届け、戦前から活躍の大御所歌手として、また第1回からの「紅白」出場歌手として大きな人気を博すことになる。

しかし帰国すると国内では「あの戦争は間違っていた」という声が広がり、戦争犯罪人という形で捕らえられる人々がいた。はま子は心の中で叫んだ。

「お国のために生命を捧《ささ》げて戦った人たちが、これではあまりにも無残で可哀想ではないか」

戦争が終わっても、はま子は慰問を続けた。多忙な人気スターである前に、ひとりの人間として、巣鴨《すがも》の拘置所や戦犯とされてしまった人々の家族、傷病兵たちを慰問して廻《まわ》ったのである。そんなある日のことだった。はま子がこの歌と出会うのは……。

「あゝモンテンルパの夜は更《ふ》けて」。

モンテンルパは、フィリピンのマニラ郊外に位置する町である。

その頃、この町の刑務所には元日本兵が戦争犯罪人として収容されていた。そんな状況がはま子の耳に届いた。元・駐日大使で現地の世話人であるビオ・デュラン議員から知らされたのである。デュランは、はま子の大ファンだったという。

はま子は、すぐにフィリピンに飛んで歌で励ましたいと思った。しかし一般人の渡航など許可されていない時代である。あきらめるしかなかった。仕方なく彼女は銀座でお香を買って、それを刑務所に送ったという。

終戦後、フィリピンには約14万人の日本人捕虜が残されていたが、昭和21（1946）年のフィリピン独立後も、150人ほどの戦犯がモンテンルパのニュービリビット刑務所に収容されていた。ところが昭和26（1951）年1月19日、その中の14人が突然、処刑されたのである。

セブ島での村人虐殺事件による死刑宣告だったが、実際にはその場に行ったこともない人間ばかりの処刑だった。つまり濡《ぬ》れ衣《ぎぬ》によっての死だったのだ。戦犯たちは、希望すら失っていた。

「この地で果てるのか。敵と刺《さ》し違《ちが》えて果てるならまだしも、すでに戦争が終わって何年も経っているのに、これから意味もなく死んでしまうなんて。いや、これが戦争に負けたということなのか……」

●死刑囚の作った歌が、はま子の家に届く

ところが「この兵士たちをどうしても救いたい」と行動に出たひとりの僧侶《そうりよ》がいた。加賀尾秀忍《かがおしゆうにん》。彼は昭和24（1949）年10月に教誨師《きようかいし》としてフィリピンに派遣されていた。彼らを励ましながらも釈放や減刑を請願《せいがん》するためである。日本を発《た》つとき、戦犯の家族たちは加賀尾にすがった。

「どうにかして日本に連れ帰って来てほしい」

国交すら回復していない地に行けるのは、教誨師ゆえだったからである。

「私に託された家族の思い。それよりも故国に帰りたいと願う彼ら。どうして彼らを救えずに、自分は僧などと言えようか」

どうすればいいだろう？

「駄目だった」と、肩を落として自分ひとりだけで日本に帰るわけにはいかない。任期が終わっても、無給のまま加賀尾は獄中の一室に戦犯たちとともに住み、囚人たちの残飯を食べながら生活を共にした。そんなときだった。彼はあることを思いついた。

ちょうどフィリピンに渡ろうとしていた頃、日本では前年の「のど自慢」で元日本兵の作品「異国の丘」がラジオから流れ、それが話題になっていた。戦地で歌われていたこの

歌に励まされ、日本に帰って来たという兵士の中村耕造《なかむらこうぞう》が歌って、それはレコードにもなった。このブームはその後も、「異国に祈る」「シベリアエレジー」「ハバロフスク小唄」「君はシベリア」などの歌により、日本人にシベリア抑留《よくりゅう》者のことを思い出させていた。

もしも、モンテンルパのこの悲惨な状態を伝え、悲願を届けようとする歌があれば、日本の人々に通じるのではないだろうか？

早速、加賀尾は死刑囚のひとり、長野県出身の元大尉・代田銀太郎《しろたぎんたろう》に詞をしたためるよう頼んだのである。

♪モンテンルパの夜は更けて　つのる思いにやるせない
遠い故郷《ふるさと》　しのびつつ　涙に曇《くも》る月影に
優《やさ》しい母の夢を見る……。

代田は文学が好きだった。とめどなく、望郷の念を綴った詞は湧《わ》いてきた。ところが、ここにノートなどはないのだ。トイレットペーパーにヨードチンキで一心不乱に思いを綴った。

♪強く生きよう　倒れまい　日本の土を踏むまでは……。

その詞に今度は愛知県出身の元大尉・伊藤正康《いとうまさやす》が、刑務所内の教会にあったオルガンで曲をつけた。伊藤もまたすでに、行ったことのない場所での住民虐殺容疑によって死刑宣告されていた。涙の中で作られたこの作品を加賀尾は、渡辺はま子の横浜の自宅に送ったのである。

昭和27（1952）年6月のある日のことだった。

はま子に届いた作品は、便箋《びんせん》に五線を引いた作曲と詞で、「モンテンルパの歌」とあった。ともに処刑の日を待つ死刑囚だと書き記され、さらに「専門家の方に直していただいて、渡辺さんに歌っていただければ、こんなうれしいことはありません」という添え手紙もあった。その作品を見て彼女は胸をつかれた。

「レコードにしよう。いや、しなければならない」

兵士の心を歌っているということで、はま子は1番を「火の鳥」をデュエットした後輩歌手の宇都美清《うつみきよし》に歌わせ、2番を自身で、3番をふたりで歌う。死刑囚が作ったこの作品は「あゝモンテンルパの夜は更けて」と改題されレコーディングの日を迎えた。

スタジオには、作者の留守家族や、すでに銃殺を執行された人たちの遺族もよばれた。スタジオいっぱいに嗚咽《おえつ》と涙とすすり泣きが充満した。はま子だけではなく、宇都美の頬も涙に濡れ、幾度も絶句して録音は中断された。当時はまだ、歌と演奏の同時録音である。オーケストラも録音技師も泣きながら、やっとのことで、ふたりは最後の、♪日本の土を踏むまでは……までを歌い終えた。

その感動はレコードが発売になると、またたく間に日本中を席捲《せっけん》していったのである。「歌謡界の女王」が歌う社会的名作は、あっという間に20万枚の売上を果たし、さらにレコードはラジオに流れ、映画にもなって国民的なヒット作になった。

そしてレコードは、モンテンルパの現地にも送られたのである。

●慰問の旅

この歌が発売されて半年後の、その年のクリスマス・イブ、はま子は遠いモンテンルパの刑務所にいた。

デュラン議員から悲惨な状況を聞かされて数年、死刑囚の歌を歌い、日本政府の復員局とはま子の必死の奔走と熱意があらゆる伝手《つて》によって実現を見たのである。慰問コンサートへの出発だ。

12月23日夜、はま子はアコーディオン奏者とふたり、南の空に吸い込まれるかのように、羽田《はねだ》空港を飛び立っていった。

翌々日、フィリピン政府高官に案内されて、ふたりは刑務所に入る。59人の死刑囚を含む１０９人の戦犯同胞の前に立つ日がきた。

『歓迎　渡辺はま子様』と横断幕が掲げられていた。

12月といえども40度を超える酷暑だったという。けれどはま子は、最初の衣装を日本の着物と決めていた。もう何年もの間、日本女性の着物姿など見たことがないだろう……、いや、これが見納めになるかもしれない……と兵士を思いやり、大汗をかきながら「荒《こう》城《じょう》の月」や「浜辺の歌」「お菓子と娘」など懐かしい唱歌や抒情歌も歌った。

そして、とうとうこの歌を歌う時間になった。

♪強く生きよう　倒れまい……。

歌い出すと、すすり泣きが客席から漏れた。あの日のレコーディング・スタジオとはまた違った異様な興奮が会場を包む。捕虜たちは「もうこれで思い残すことはない」、そう思った。

しかし、その感動と悔しさと喜びと哀しみに満ちあふれた光景は、その後、意外な方向に展開するのである。会が終わりに近づいたとき、傍《かたわ》らに立っていたデュラン議員は、死刑囚たちに向かって、こう告げたのだ。

「私が責任を持ちます。皆で『君が代』をお歌いなさい」

当然、この地で日本の国歌を歌うことなど禁じられていた。人々は一瞬驚いた。しかし、日本兵は全員立ち上がり、祖国に向かって粛《しゅく》々《しゅく》と歌い始めたのである。しかし泣いて声にならなかった。

この日の録音のテープが、実は残されている。そこには、「しばらく待ってください。私たちは力を落としません……」と、話す人々の声が収録されている。

はま子はこらえきれず、衣装のままコンクリートの上に倒れ込んで、そして大きな声で泣いた。泣いて泣いて泣き崩れた。

はま子の提案により皆と話す時間が設けられた。彼女はこの歌をレコーディングしたときの様子を話し、さらに「日本に戻ったらみなさんのご家族を回って、ここで開かれた会の話を必ずします」と約束して、モンテンルパの丘を下りたのだった。マニラで要人たちに会って釈放と減刑を嘆願し、30日の朝、日本に到着、昭和27年が暮れようとしていた。

●「全員釈放す」

翌28（1953）年、はま子は約束通りに早速、北海道からの歌謡行脚《あんぎゃ》を企画、各地に散在する戦犯家族にモンテンルパの実情を話して歩いた。歌はますますヒットの波に乗り、日本中が〝モンテンルパ〟一色になっていた。

軍人だった吉田義人《よしだよしひと》もまた、はま子の「モンテンルパ」を聞いて感動したひとりだった。彼はオルゴール会社を営《いとな》んでいた。当時まだ出来たてだったアルバム式のオルゴール（ディスクオルゴール）にこの曲を詰めた。富士山の絵がデザインされたオルゴールを作り、吉田ははま子に2台送った。これも運命だった。はま子はその1台を、モンテンルパの加賀尾のもとに送ったのである。

死刑を待つ人々に「こんなにも、日本ではあなたたちの歌が流れている。みんなあなたたちを忘れずにいる。早く帰って来てほしいと願っている。あなたたちの思いが、日本に届いています……」という証《あか》しを知らせてあげたかったからだ。

ところが加賀尾はちょうどそのとき、フィリピンのエルピディオ・キリノ大統領との初めての会見が許されたばかりだった。加賀尾は、はま子から送られたばかりのオルゴールを、大統領との接見の土産《みやげ》として持参した。

ふたを開けると、もの悲しいメロディーが流れてきた。すかさず大統領は、「この曲は何か?」と、尋ねた。加賀尾はこの歌は戦犯者が作り、今、日本で大流行中の「あゝモンテンルパの夜は更けて」だと答えた。はま子がここを訪れて、まだ半年も経たない5月16日のことだった。

実はキリノ大統領は、妻と3人の子どもを日本兵に殺された経験を持つ。泣き落としなどでは屈さないという心構えで加賀尾と接見していた。しかしこの歌を聞いて、ポツリとつぶやいた。

「7月4日の独立記念日に日本人をふたり解放しましょう」

この「ふたり」とは、詞と曲を作ったふたりだと伝えられているが、実は違う。

キリノ大統領がフィリピン独立前の戦時中、捕虜になっていたとき、こっそりとかばってくれた人間がふたりいた。それが小池《こいけ》と藤崎《ふじさき》という若い兵士だった。このふたりを釈放する……と、大統領が話したのだ。たったふたりとはいえ、前進である。

さらに6月27日、加賀尾にまた大統領から直々《じきじき》の呼び出しがあった。

「7月4日の独立記念日に、一部の者に恩赦《おんしゃ》、釈放の恩典《おんてん》を与える。それに値《あたい》すると認められる者を指名せよ」と、いうのである。

加賀尾は胸が震えた。悶々《もんもん》としながら、誰を釈放してもらおうかと考えた。まずはこの歌を作ったふたりは、何が何でも帰国させたい。しかし彼も、彼も、彼も……。

ところが翌日になって、その決定は変更されたのである。

「死刑囚、無期刑囚を全員釈放す。死刑囚は無期に減刑し、日本の巣鴨に送還する」

信じられなかった。

ひとつの歌の力、その歌を歌うひとりの歌手の行動が、日本政府すら成し遂げられなかった奇跡を生むことになったのである。この歌を聞いて感動した日本からの戦犯釈放嘆願書が、前日フィリピン外務省に届いていたのである。そこにはなんと500万人分の署名が添えられていた。

その年7月15日、加賀尾を含めた111人は、政府から支給された白いズボンに開襟《かいきん》シャツに着替えて、日の丸を掲げた船、白山《はくさん》丸に乗り込んだ。

日本政府は一刻も早い帰国実現のため、飛行機輸送も考えたが、直前に墜落事故があったため、時間は多少かかるが、安全な船舶輸送に切り替えたのだった。

船のサロンには祭壇が設置されていた。17人の罪なく処刑された人々の遺骨が木箱に収められていた。加賀尾がフィリピンの政府に許可を得て、掘り出した遺骨だった。

7月22日、午前8時半。白山丸は、はま子のふるさと、横浜の大桟橋に着岸した。出迎えた群衆の数、2万8000人。その数は、今モンテンルパから戻ってきた人々の縁者ばかりではない。縁もゆかりもない人も多く含まれていた。はま子の歌に心を動かされた人たちの数の結集だった。

はま子も、もちろんその人垣の中にいた。左手を高く挙げ、去年のクリスマス以来の再会にまた泣いた。そして歌った。

♪燕《つばめ》はまたも来たけれど　恋しい吾《わ》が子はいつ帰る
　母の心はひとすじに　南の空へ飛んで行く……。

悲しみの涙は、喜びの涙に変わった。そしてそれはいつの間にか、合唱に変わった。

彼女は言う。

「私は歌手として、ただできることをしただけです」

ひょっとすると歌手の本来の姿、人々に歌を伝えるという職であることをただ貫《つらぬ》いただけなのかもしれない。しかし、それは誰しもがまねできることではない。

行動派歌手、真の社会派歌手……彼女がそうよばれたゆえんがそこにある。

東京五輪のために直されたメロディー
高校三年生
舟木一夫

作詞／丘 灯至夫　作曲／遠藤 実　1963年

●「舟木一夫」になるはずだったのは橋幸夫⁉

昭和38（1963）年に発売されてから、今なお日本のスタンダード・ナンバー、青春讃歌の代表作として歌われる「高校三年生」。颯爽《さっそう》と学生服を着て、ブラウン管に登場した舟木一夫《ふなきかずお》は、まさに「高校三年生」だった。

舟木は昭和19（1944）年生まれだから、歌が発売されたときは卒業していたものの、レコーディングしたときはまだ本当の高校三年生だったのである。恩師の作曲家・遠藤実はレコードジャケットはもちろん、テレビ出演も取材のときも、学生服で通させた。遠藤は作曲家としてだけでなく、プロデューサーとしての手腕も振るったのである。

愛知県一宮《いちのみや》から上京、高校に通いながら遠藤宅でレッスンを受けていた上田成幸《うえだしげゆき》少年に芸名をつけたのも遠藤だった。

遠藤はずっと先から、自分の内弟子の中から歌手デビューさせるなら絶対に左右対称になる〝舟木一夫〟という芸名をつけようと考えていたという。実は、舟木の前に遠藤のもとに弟子入りしていたのは、現在の橋幸夫《はしゆきお》である。

遠藤は17歳だった橋を自分の専属のレコード会社、コロムビアに連れて行ったが、オーディションに通らなかったのだ。

「こんなにいいものを持っているのに」と、遠藤は悔《くや》しがった。

そこでコロムビアの格好のライバル会社でもあるビクター専属の尊敬する作曲家、吉田《よしだ》正《ただし》のもとにレッスンに通わせることにした。つまり、そのままコロムビアでの入社がすんなり決まっていたら、橋幸夫が舟木一夫という名前を名乗っていたということになる。と、なれば当然、橋のデビュー曲、吉田作品の「潮来笠《いたこがさ》」は生まれていなかっただろうし、その後の「いつでも夢を」も「恋のメキシカン・ロック」も作られることはなかっただろう。橋幸夫というトップスターの誕生はなかったということにもなる。

それより何より、現在の舟木一夫もデビューできたかどうか分からなくなってくる。イコール永遠の名曲「高校三年生」も生まれなかったことになったかもしれないのだ。

遠藤が舟木の衣装までプロデュースしたのは、自分自身の夢を叶《かな》えるためだった。

そこには遠藤の希望が、いっぱい詰まっていた。遠藤は生前こう語っている。

「僕は貧しい家に生まれ育ってね。疎開先の新潟の尋常《じんじょう》高等小学校で進学することを断念したんだ。その後、農家を手伝いながら、紡績《ぼうせき》工場なんかで働いていた。だから中学、高校に行きたい……という気持ちが人一倍強かった。金ボタンの詰め襟《えり》、学生服は夢とあこがれそのものだったのです」

「高校三年生」からスタートした「修学旅行」「学園広場」などの舟木の一連の学園ソングから10年、今度は森昌子に「せんせい」「同級生」「中学三年生」などを提供し、大ヒットさせるきっかけを作ったものこそが、まさに夢そのものだったのだ。

舟木のデビューが決まった。デビュー曲候補の詞が10編ほど届けられた。ひとつひとつ読みながら、ある作品を見て釘付けになった。

「これだ！」と、瞬間的にひらめいた。それこそが、丘灯至夫《おかとしお》作詞の「高校三年生」だったわけである。

●高校生への憧《あこが》れ

丘は当時、毎日新聞の記者をしながら作詞家としても活動していた。すでに岡本敦郎《おかもとあつお》の「高原列車は行く」やコロムビア・ローズの「東京のバスガール」などのヒット曲を放っていたし、うたごえ喫茶で歌われた「山のロザリア」の訳詞、童謡の「ねこふんじゃった」、後には「みなしごハッチ」などもある。

「高校三年生」はこうして誕生した。

ある日、丘が「毎日グラフ」の取材で学園祭特集を組み、東京都世田谷区にある松陰《しょういん》学園に行ったときのことだった。そこで定時制高校生の男女がフォークダンスを踊っていたのである。

「驚きましたよね。僕らの世代では、男女が手をとって踊るなどとは、どう考えても及ばなかった。ハレンチだと思った。びっくりして一番にできた詞の一部分が、♪フォークダンスの手をとれば……だったんだよ」

90歳を過ぎても元気だった頃の（平成21年、92歳で逝去）丘に、生前取材で電話したところ、笑いながら語ってくれたエピソードである。

さらにこんな話も。

「これは、元々は岡本敦郎が歌うことを想定して作ったんですよ」

「あこがれの郵便馬車」に始まり「みどりの馬車」「高原列車は行く」「自転車旅行」と一連の明るく弾《はず》むような〝乗り物シリーズ〟を昭和20年代から30年代に提供して大ヒットを飛ばした岡本敦郎は、ある意味で丘を作詞家として大成させた歌手だった。しかし、多くのレコード会社はその頃、戦前戦中、また終戦直後にデビューした歌手たちの新曲を作らなくなっていた。

それまでの78回転のSP盤から45回転のEP盤に替わっていく時期で、歌手もまた新しい時代へ転換する時期だったのだ。現に岡本も昭和33（1958）年の「紅白歌合戦」でトップ・バッターをつとめたのを最後に不出場となり、EPでのヒットソングはもちろん、新曲すら発売する機会がなくなった。そんな時期に久々に、丘は岡本用にと、この「高校三年生」をレコード会社に送ったのである。

しかしコロムビアでは、岡本はすでに「高校三年生」という世代ではないということを理由にお蔵入りにしていたのだ。それが遠藤の目にとまり、橋幸夫ではない現役学生の舟木がフレッシュに歌うことで昭和を代表する1曲に育つわけだ。

歌の舞台、松陰学園の校門には、「高校三年生」の歌碑が立っているが、実は丘もまた遠藤同様、学校への憧れがあった。遠藤が貧しさゆえに進学できなかったのに対し、丘は幼少時代、体が弱くて満足に学校に通えなかったという理由だった。

「だから、一番に出てくる〝楡《にれ》の木〟はね、松陰学園とは無関係で、自分が通ったふるさとの福島県郡《こおりやま》山商工学校（現・郡山商業高校）の校庭の大きな木を、そこに登場させたんだよ」

時代は変わったと言っても、まだまだ男女共学が普通の時代ではなかった。女生徒の数は極端に少なかった。目新しかったからこそ、安達明《あだちあきら》が歌った「女学生」などという曲がもてはやされた時期でもある。

女の子だけではなく、とくに地方出身者にとって高校進学は当たり前ではなかった。地方の子たちは中学を卒業すると〝金の卵〟として上京して働くのがまだまだ常だった。

実は「高校三年生」の生まれた昭和38（1963）年こそが、東京に働きに出る集団就職者の数がいちばん多かった年でもある。だから、この歌は自分が高校三年生だからと受け入れられただけの歌ではなかった。若者たちは、遠藤や丘と同じように、高校生に憧れを抱いていた。学生服に夢を抱いていた。やっと茶の間にも普及し始めたテレビに登場する舟木の学生服姿に、胸をときめかせたのだった。

●ワルツではなくファンファーレを

そんな夢がいっぱい詰まった「高校三年生」は、最初メロディーが違った。

「高校三年生」のあとに発売してヒットする「学園広場」を彷彿とさせるメジャー（明るい）な三拍子（ワルツ）で作曲されていた。ではなぜメロディーが変わったのか？

レコード会社のディレクターに曲を渡すとき、遠藤はとっさにあることに気がついた。それは来《きた》るべき年にやってくるひとつの日本の大事業だった。そう、東京オリンピックである。

今一度ワルツのメロディーでピアノを弾《ひ》いたときに、遠藤はテンポがなく、優雅すぎると思ったという。あくる年には東京オリンピックが開かれる。この詞にふさわしいのは、ファンファーレ的な明るくはつらつとしたリズムじゃないだろうか。そのとたん前奏が浮かんだ。20分ほどで曲はまったく違うものに変わった。

あの明るく弾《はず》むような歌声で人々に勇気を与えた名作は、こうして生まれた。

そして遠藤の予想通り、翌年のオリンピック熱が高じる中で、「高校三年生」はまさに青春のシンボルの歌として、日本中にこだましたのである。

♪残り少ない　日数《ひかず》を胸に　夢がはばたく　遠い空……。

この歌にはまぎれもなく日本全体が凝縮されていた。そこには憧れがあった。夢があった。希望があった。

戦争に負けてから20年近く、やっとこれで世界の先進国と、ふたたび肩を並べることができるという日本人の誇りと喜びがこの歌には同化していたのである。

初めに書かれた歌詞は違うものだった⁉

リンゴの唄

並木路子

作詞／サトウハチロー　作曲／万城目 正　1965年

●戦後初のレコード作品、戦後初の映画主題歌

毎年、8月15日の終戦記念日近辺になると、今でもこの歌が流れてくる。

昭和20(1945)年、唐突に戦争が終わると、日本は一変した。

それまでの軍国時代から、2週間後にマッカーサーが日本に上陸すると、アメリカの指導の下《もと》、日本はまったく変わってゆく。いや、変わっていかなければならなかった。敗戦後の苦しみの中で、日本人はひとつの歌に出会った。

♪リンゴ可愛《かわ》いや　可愛いやリンゴ……。

日本にリンゴがもたらされたのは9世紀頃、中国からだったが、主に観賞用だった。それが明治になって現在の西洋リンゴというものが入ってきて普及し、日本の茶の間には欠かせない果物となった。

しかし戦時中には、どんどんとその姿を消し、終戦後のこの時期、食べるものがなくなり、リンゴは懐かしい思い出と夢の食べ物に変わっていた。

そんな中で歌われた「リンゴの唄」は、つまり憧れの社会復帰を手助けした歌だった。

戦後、この歌に出会えなかったら日本人は、こんなにもたくましく生きてこられなかったかもしれない……と言われるほどに、この歌の存在は大きい。ただの流行歌として片づけられないほどの力を持つ歌といっても過言ではない。

この作品は戦後最初のレコード作品でもあるが、同時に戦後最初の封切映画「そよかぜ」の主題歌でもあった。アメリカ進駐軍（GHQ　連合国軍総司令部）の検閲の1ページ目に記録された映画であり、歌である。

しかし終戦は8月15日。それなのにわずか2カ月もしない10月11日にこの映画は封切られているのだ。

このスピードが「？」なのだ。

実はこの映画は、戦時中に音楽映画を作る企画を松竹《しょうちく》が了承されたため、すでにフィルムが配給されていたのだ。そうでなければ辻褄《つじつま》が合わない。ドイツ映画の「希望音楽会」という軍人を慰問する声楽家の話に似たものが構想にあったという。

誰を主役にしようか？　と、松竹の少女歌劇団員だった並木路子に目星も付けられていた。しかし終戦となる。でもフィルムはすでにあるし、構想も固まっている。

GHQには、映画、歌、放送内容がふさわしいかどうかを検閲する組織があった。民間情報教育局だ。そこでもこの映画制作は、音楽映画だから大丈夫だということですんなりＯＫが出たというわけだ。

終戦からわずか半月後の９月１日、１回の面接だけで並木路子は映画の主役に抜擢《ばってき》され、そのまま「そよかぜ」の撮影のために、秋田へロケに向かう。戦後第一号のスター誕生である。

しかし、困ったことが発生した。これは生前、並木路子から聞いた話だが、

「リンゴを栽培している村で、子どもたちと一緒に『リンゴの唄』を歌うシーンが映画であるんだけれど、歌がまだ完成していなかったんです」

サトウハチローの詞は、台本同様にすでに戦時中には作られていたが、万城目正《まんじょうめただし》の曲が完成していなかった。

「何日もロケするわけにはいかないし、松竹の大船《おおふな》撮影所に監督さん（佐々木康《ささきやすし》）が電話してもできていなくて。そうしたら万城目先生が、藤山先生（一郎）の『丘を越えて』を歌っておいてくれ……と言うんですね。それで子どもたちと一緒に、♪丘を越えて行こうよ……って歌いました」

そのシーンを見ながら、のちに「リンゴの唄」をアフレコで入れたのだという。

「ところが映画を見て驚いちゃった。だって口が合ってるんですもの。私はそれまで松竹歌劇団、舞台人だったわけでしょう。やり直しがきかない。だから映画界って、ずいぶんインチキがまかりとおるのね、って思ったものですよ（笑）」

佐分利信《さぶりしん》、上原謙《うえはらけん》、大坂志郎《おおさかしろう》、三浦光子《みうらみつこ》ら人気俳優たちとともに出演した「そよかぜ」だったが、実はこの映画はまったくヒットしなかった。

というのも、フィルムが配給だったため、数本しかプリントできなかった。さらに空襲などで映画館は焼失、残っていてもスクリーンが使えなかったり、椅子がなかったりしたからだ。それより、まだまだ娯楽に目を向けるほど人々に心のゆとりがなかったのだ。

ではなぜ歌はヒットしたのか？

当時、放送局はＮＨＫしかなかった。

そのＮＨＫの放送で一度歌ったところ、リクエストが殺到したのだ。

「あの明るい歌は何という歌なのか？」

●幻の歌詞

「当時は録音技術がないでしょう？　だから生放送しかありません。リクエストで毎週歌うようになって、そのうちに毎日のようにNHKに通うようになって……」

実際、終戦の年の大みそかに放送された「紅白歌合戦」の前身、「紅白音楽試合」でレコード発売前にもかかわらず、並木路子はこの歌を歌っている。

レコードや映画ではなく、巷で自然発生的に歌われ出した歌だった。

もちろんテレビもない時代だったから、歌だけがひとり歩きした。

「これはだいぶ経つまでそうでしたが、私が歌っているということが分からないわけですよね。テレビもないし、映画を見た人もいない。でも町を歩いていたら、この歌を歌う声が聞こえてきたり、すれ違いざまに鼻歌を歌いながらとかね。誰も私が歌っていることを知らないのよね。でも最初に渡された歌詞は、今のものとは違っていたのよ」

最初は1番の歌詞、今の、

♪赤いリンゴにくちびる寄せて……

ではなかったというのだ。

私は平成29（2017）年9月のBSジャパン「武田鉄矢の昭和は輝いていた」で紹介したが、実はこの話はあまり伝わっていない。

並木路子の自伝などにもこの話は触れられていないのだが、これも私は生前の並木本人から聞いていた。それも並木が、

「本当の最初の歌詞はね……」

と言って、教えてくれた歌詞を、私は傍《かたわ》らに置いていたメモ用紙に走り書きしておいた。それが今ここに残る。

「リンゴの唄」の1番の歌詞はこうだった。

♪リンゴ畑の　香りにむせて
泣けてもくるよな　喜びを
若さにぬれてる　リンゴの瞳
乙女の希望が　光ってる
リンゴ可愛や　可愛やリンゴ

「紅白音楽試合」では、まだこの歌詞のままで歌ったともされている。

レコードになっていない巷のヒット曲がレコーディングされたのは、「紅白」の2週間

前の12月14日だった。

並木談。

「どうしても万城目先生が、1番の歌詞を、♪赤いリンゴに……がいいと言うんですね」

♪リンゴ畑の……のはじめの、〝リ〟は母音《ぼいん》が〝い〟である。〝い〟の母音から始まる歌と、♪赤い……の〝あ〟の母音から始まる歌とでは、確かに印象は違う。

「明るくなくてはいけない。人々を勇気づけるためにも母音の〝あ〟から始めたいと万城目先生が言い張ったんです。ハチロー先生は根負けした形で、♪赤いリンゴに……を1番の歌詞にしました。戦後の復興を考えると、♪泣けてもくるよな……のほうがぴったりとしていたんですがね。何しろ明るく歌え、明るく歌え！　と先生たちに言われましたが、私は明るく歌うことなど無理だったんです」

●なぜデュエットになったのか

実は昭和20年3月9日から10日未明にかけての東京大空襲で並木は母を亡くしていた。住んでいた東京の下町一帯は、アメリカのB29による焼《しょう》夷《い》弾《だん》が落ちて一気に火の海となった。母の手を握りながら走った。隅田川にふたりで飛び込んだ。

「火には水と思って飛び込んだのね。母の襟首《えりくび》をつかんでいたところまでは覚えています。次は誰かに私が引き上げられたときでした。その日から隅田川の両岸を、母を捜《さが》してさまよいましたが、さっぱり見つからなくって」

空襲から5日目に並木は芝《しば》の水上警察に呼び出され、増上寺《ぞうじょうじ》に並べられた遺体の安置所で母と対面した。

「母を見たとき、涙が出ませんでした。人間は本当に悲しいときとか呆然《ぼうぜん》としたときって涙すら忘れちゃうんじゃないかしら。でも私が手を離さなければ、母は生きていたかもしれない。それをずっと引きずっていましたね。だから明るく歌えなんて言われても、無理だった。涙さえ流れない状態なんですから……」

そう言って並木が涙を流したことが、印象的だった。

万城目正には「ミッチーだけが悲しいんじゃないんだよ。みんな悲しくて苦しいんだ」と伝えられた。家を焼け出された人や、親を亡くした子どもたちが集まる上野の地下道も見に行った。

5月24日には品川《しながわ》や渋谷区、目黒区などに焼夷弾は落とされ、翌日は中央区、千代田区など十数区も空襲に遭《あ》い、このときには皇居にも焼夷弾が落下、東京駅も焼失した。

そんな苦しみの代表を自分が担《にな》うことなんてできない……。そう思いながらも彼女は、健気にこの歌を歌ったのだ。

あまりの人気に戦後初のレコード制作が始められることになった。

当時は、作詞家・作曲家はレコード会社の専属制だった。つまり「リンゴの唄」の作詞者、サトウハチロー、作曲の万城目正は、当時コロムビアの専属作家だったから、コロムビア以外の歌手は歌うことができなかった。

松竹歌劇の並木路子も当然、コロムビアからレコードを発売することになった。

ところが彼女は松竹歌劇団の団員であるため、コロムビアとの専属契約がままならない。普通であれば、ほかのコロムビアの歌手が吹き込むことになるが、映画の主人公であり、巷に流れる歌の主は並木路子でなければいけない。

そこでコロムビアは、コロムビア専属で戦前からのスター歌手、霧島昇《きりしまのぼる》とかけあい、つまりデュエットという形でレコーディングしたのだ。

霧島昇は戦前の大ヒット映画「愛染《あいぜん》かつら」の主題歌「旅の夜風」はじめ、「新妻鏡」「純情二重奏」「目ン無い千鳥」「蘇州夜曲」や軍歌の、♪勝ってくるぞと勇ましく……の「露営の歌」、♪若い血潮の予科練の……の「若鷲《わかわし》の歌」など数多いヒット曲をすでに世に送り出していた。ほとんどがデュエット曲であるのも特徴的で、戦時中に発売されていた「誰《たれ》か故郷を想わざる」や「胸の振子」「白虎隊」などソロのヒット曲は、どちらかといえば戦後になってから目立った。そのため霧島は「リンゴの唄」の譜面を、放送出演の際も地方公演のときも必ず持参していたという。

「私と一緒のときは、放送局でも公演でも私ひとりで歌うことが多くなるわけですね。ディレクターさんたちが〝彼女はこれ1曲しかないけれど、霧さんは山のようにヒット曲があるから……〟と言われて、渋々と違う曲にお変えになるんです。なつメロブームになってから、NHKと12チャンネル（現・テレビ東京）で1回か2回、一緒に歌っただけですかね」

と、並木は語っていた。

前述したBSジャパンの「武田鉄矢の昭和は輝いていた」で「昭和の食べものソング特集」と題した回で、ふたりで歌った貴重なVTRが放送された。

どちらにしても「リンゴの唄」は大ヒットした。何百万枚のレコードセールスのように思われがちだが、蓄音器などはぜいたく品だったから限られた家庭にしかなかったし、それよりも地方、都会関係なく空襲で蓄音器はおろか、家さえ失くした人が多かったため、売上枚数がとてつもないということはなかった。巷が作ったヒット曲だった。だから誰もが知り、誰もが覚えて歌ったのだ。

しばらくするとこの歌は、替え歌として歌われるようになる。

♪リンゴ可愛いや　可愛いやリンゴ……

は、

♪リンゴ高いや　高いやリンゴ……

と。

リンゴは簡単に手に入るものではなかったのだ。もはや、歌の中だけに存在する食べ物だった。闇市《やみいち》でお目にかかれる、しなびたリンゴは当時1個5円だった。現在のお金に換算すれば、1個5000円というところだろうか。

そんなリンゴを青森の農業会が世話して、昭和20年12月10日に並木路子は歌いながらリンゴを配ったことがある。

「貴重品でしたからね。私はリンゴをかごに入れて、客席に下《お》りて配りながら歌ったんですが、そのうち会場が大変な騒ぎになって。1個のリンゴを奪い合うんです」

その場所に少女時代のペギー葉山《はやま》がいた。これも本人から生前に聞いた話。

「もちろん私はデビュー前ですよ。姉と一緒に見に行っていたんですが、二階席の真ん前だったの。私たちも一階席だったらリンゴをもらえたのにねえ……と悔しい思いをしたんです。本当に食糧難の時代に並木先生の『リンゴの唄』は私たちに勇気を与えてくれました」

ある時期、日本歌手協会で、並木とペギーふたりが副会長をつとめていた。可愛がってくれた大先輩ふたりは、もう空の上である。

「君とよく来た店」は、どこにあったのか

学生街の喫茶店

ガロ

作詞／山上路夫　**作曲**／すぎやまこういち　**1972年**

●フォークソングの日本上陸

昭和40年代になると、アメリカで流行していたフォークソングが日本にもやってきた。「ドナドナ」「花はどこへ行った」などベトナム戦争への反戦歌が初めだったが、昭和41（1966）年、浜口庫之助が作った「バラが咲いた」がマイク真木《まき》によって歌われたのが、日本生まれのフォークソングの走りだった。

加藤登紀子《かとうときこ》の「赤い風船」、荒木一郎《あらきいちろう》の「空に星があるように」がその年の「レコード大賞」新人賞に輝き、翌年には「この広い野原いっぱい」で森山良子《もりやまりょうこ》、「世界は二人のために」の佐良直美《さがらなおみ》らもフォーク歌手としてスタートした。

これらテレビでも活躍するフォーク歌手とは別に、昭和43（1968）年には「友よ」「山谷ブルース」の〝フォークの神様〟岡林信康《おかばやしのぶやす》、「受験生ブルース」の高石友也《たかいしともや》らが登場。

翌年はまた、テレビの力で「フランシーヌの場合」の新谷《しんたに》のり子、「悲しみは駈《か》け足でやってくる」でアン真理子、「時には母のない子のように」のカルメン・マキらがヒットを飛ばす。

続けて「白いブランコ」（ビリー・バンバン）、「風」（はしだのりひことシューベルツ）。昭和

45（1970）年に「戦争を知らない子供たち」（ジローズ）、翌年には「翼をください」（赤い鳥）、「花嫁」（はしだのりひことクライマックス）などが歌謡界の新しいヒットジャンルの地位を築き上げた。

ところが翌昭和47（1972）年になると、ふたたびテレビ拒否のフォークの貴公子が生まれる。よしだたくろうである。彼のあとを追うように井上陽水、小《お》椋《ぐら》佳《けい》らテレビNG派が続出する。

その中で同じ時代に、テレビ肯定派のフォーク歌手も多く輩出している。チェリッシュやガロ、チューリップらだ。「神田川」の南こうせつとかぐや姫もテレビにはよく出ていたし、武田鉄矢率いる海援隊も「母に捧げるバラード」を「紅白」で歌った。同じ49（1974）年のさだまさしのグレープや前年のチューリップは「紅白」までは届かなかったものの、「日本歌謡大賞」の新人賞にノミネートされて歌っている。

そんな中、ガロは「紅白」に出場した3人グループだ。

大ヒット曲「学生街の喫茶店」、

♪君とよくこの店に　来たものさ……

は、昭和47年6月に「美しすぎて」のB面に収録された歌。

それが半年ほどかけてB面のほうに火がついて、その年の年末にAB面を入れ替えると、翌48（1973）年に大ヒット。年末には「日本有線大賞」で新人賞、「紅白」までコマを進めた。ちなみに「レコード大賞」では大衆賞を受けているが、「レコード大賞」の受賞対象曲は、前年の10月21日から当年10月20日までに発売された楽曲と決められていたため「学生街～」はその対象から外れて、ヒット中だった「ロマンス」で受賞している。

いずれにせよ「学生街～」は、有線放送のリクエストやラジオの葉書リクエストなどで上位を占めるようになり、「オリコン」ヒットチャートも、2月19日付で1位を獲得。4月2日まで7週連続1位という大ヒット曲になったのだ。

これにより、ガロはテレビなどのマスコミ出演回数が飛躍的に増大したのである。

しかし、ここがガロの特異なところ。そのテレビ出演が自分たちの歌を歌うだけではなかったのだ。

たとえば当時人気があった「象印《ぞうじるし》スターものまね大合戦」や「芸能人バレーボール大会」などに、ほぼ同時期にデビューしている郷《ごう》ひろみ、野口五郎《のぐちごろう》、西城秀樹《さいじょうひでき》らアイドルたちと一緒に出演して、ものまねや競技に汗を流していたのである。ここまで徹底したフォーク・グループは珍しかったものだ。いやいや、ガロをアイドルとして応援する若い女性ファンが多かったのである。

洗練された音楽性だけではなく、甘いルックス、とりわけマークこと堀内護《ほりうちまもる》とトミー、日高富明《ひだかとみあき》のアイドル性豊かな顔立ちと声は、まるで少女漫画からでも抜け出したようだった。長い髪に痩身《そうしん》、花柄のシャツに、当時はパンタロンやラッパズボンとよばれていたベルボトムのいでたちは、まさにアイドルそのものだったのである。

その年の大みそか、「紅白歌合戦」は初めてNHKホールからの中継でスタートした。前年に完成したNHKホールがこの6月から使われ出したからである。

司会の宮田輝《みやたてる》アナウンサーは、この年を最後にNHKを退《しりぞ》き翌年から政界に進むが、ガロを紹介するとき「髪も長くて女性が白組にいるのかと思いました」。

そんなガロでアコースティック・ギターを担当していたトミーは、ガロ解散後10年目だった昭和61（1986）年にマンションから転落して36歳の若き命を散らした。当時、自殺と報道された記憶があるが、その後、動機などに不審点があり事故死の可能性が高いとされる。一方のマークもその後、音楽活動を続けていたが平成26（2014）年に胃がんのため65歳で亡くなっている。

当時からひとり、アイドルというよりはミュージシャンの風格でボーカルをつとめ「ボーカル」の愛称だった大野真澄《おおのますみ》は、現在もこの名曲をひとりで歌い継いでいる。

●モデルになった喫茶店は実在

この歌が流行した頃、まだ私は小学生だったが、当時から気になっていた部分がある。

♪君とよくこの店に　来たものさ……

〝この店〟って一体どこにあるのだろうか？

この歌のモデルになったと言われた店は、実在していたのだ。

東京の御茶《おちゃ》ノ水《みず》にある明治《めいじ》大学付近がこの歌の舞台になっていた。これはこの歌がヒットしていた当時から言われていた話だそうだ。

当時の神田駿河台《かんだするがだい》、御茶ノ水の学生街には喫茶店がたくさんあった。クラシック音楽を聴かせる「名曲喫茶」が１９６０〜70年代は全盛だったのだ。

「名曲喫茶」とは、それまでの「うたごえ喫茶」や「タンゴ喫茶」「ジャズ喫茶」といった、単に音楽を楽しむためだけの喫茶店ではなかった。まさに、

♪学生でにぎやかなこの店の
片隅で聴《き》いていた　ボブ・ディラン……。

音楽は店の片隅で聞く。いや、聞こえてきた。学生たちがたむろしながら語り合う、そんな場所こそが「名曲喫茶」だった。語らいといえば静かなものだが、あの時代の熱っぽい学生たちが、心を動かしながら何かを話し合い、論じ合う店が、そこここにあった。

明治大学前には《田園》、お茶ノ水駅前の《サンロイヤル》《丘》《ウィーン》、そして《レモン》《白門《はくもん》》《ハイライト》……。

そのバックグラウンド音楽は、クラシックだった。クラシックが流れていたからこそ「名曲喫茶」とよばれていたのだ。だから、みんなで歌う「うたごえ喫茶」や、お抱えの歌手が歌うのを聞く「タンゴ喫茶」、「シャンソン喫茶」とは違った。ならば、ボブ・ディランが聞こえてくるはずはなかろう。そんな店は、ガロの歌がヒットしていた頃にはなかった。「ボブ・ディランが流れていたという記憶はない」と当時、「名曲喫茶」に通っていた人も言う。

でも、それはそれでいいのだ。

この歌は、ボブ・ディランを聞いていた時代を回顧しているのだから……。♪時は流れた……と歌っているのだから。

そんな中でモデルになったとされていた店こそが《丘》だった。

ここには10人以上が囲んで座れるような、まるでゼミのようなスペースがあったという。学生たちはそこを自分の住処《すみか》のようにして、コーヒー一杯で何時間もねばっては、夢を語り合った。

この歌ができたのは1972年だが、2016年にノーベル文学賞を歌手として初めて受賞したボブ・ディランは、「風に吹かれて」「時代は変《か》わる」「天国への扉」などで1960年代前半、公民権運動の高まりとともに「フォークの貴公子」とよばれて人気を博した。

この時期に日本では、ベトナム戦争反対などの運動を通して、学生運動が盛んになっていく。アメリカからフォークソングが日本に入ってきた時代と同じだ。

学園紛争、ヘルメットにゲバ棒、火炎瓶《かえんびん》……。

自分たちが何かを変えなくてはいけないという思いの中で、学生たちは一杯のコーヒーを飲みながら熱く語り合った。きっとその時期には学生運動を後押しするように、ボブ・ディランも流れていたはずなのだ。《丘》では新譜のレコードコンサートもやっていたという。

●ボブ・ディランは「学生でにぎやかなこの店」に流れていなかった？

しかし、しかし違った。

伝説の歌手のように扱われているボブ・ディランは、その時期に日本では知られていなかったのである。

えっ？

実はボブ・ディランが日本で広く知られるきっかけは、ラジオの深夜放送や音楽誌の記事などで、「フォークロックの神様。『風に吹かれて』のプロテストソングのヒーロー」などと、よしだたくろうが熱心に採《と》り上げたことが大きかったというのだ。

たくろうが「結婚しようよ」でブレイクしたのは、「学生街の喫茶店」発売の年と同じである。さらにたくろうの選曲によるボブ・ディランのベスト盤のＬＰレコード「BOB DYLAN; Gift Pack Series10」が、たくろうが所属していたＣＢＳソニーから発売されたのは、「学生街の喫茶店」が大ヒットした昭和48年だ。

ボブ・ディランはたくろうにより、新しい時代のヒーローとなった。

当時「風に吹かれて」ではなく、「友よ」などで学生運動を支えてきた若者たちも、もう時代が変わった、♪時は流れた……と山上路夫は書いたのである。

反戦歌の王者として今現在、よしだたくろうにより注目されているボブ・ディラン。その名前を歌詞の中に出すことで、新しいが、反戦に燃えたあの学生運動の時代を一瞬にして思い起こさせる。ボブ・ディランはそんなキーワードだった。山上が書いた「瀬戸の花嫁」も同じ年だ。前出のとおり、あれは瀬戸内海の赤潮をヒントに詞が作られていた。まさにキーワードである。

最初はB面だった「学生街の喫茶店」が、発売から半年かけた後にA面に替わってゆくのは、新鮮なのになぜか伝説的なボブ・ディランの名前があったからなのだ。

しかしボブ・ディランの名は、たくろうの深夜放送を聞いた年齢層（中学生ぐらいから大学生あたりまでだろうか?）以外の人々、たとえば子どもたちや働いている大人たちは、ガロのこの歌で覚えたことになる。現にこの僕がそうだったように……。

実は山上にも大野真澄にも、

「ボブ・ディランを聞いていた店はどこにあるのですか？」

と質問したが、答えは

「ことという店はない……」だった。

学生が集う喫茶店なら、どこでも当てはまる。その店で将来を語り、夢を語った。別れを告げた恋人同士もいたに違いない。

♪あの頃は愛だとは　知らないで
　サヨナラも言わないで　別れたよ……。

今もどこかに、そんな「学生街の喫茶店」は必ずある。

日本の名前が世界に轟いた第一号歌手

上を向いて歩こう

坂本 九

作詞／永 六輔　作曲／中村八大　1961年

●「スキヤキ」の名づけ親は？

♪上を向いて歩こう　涙がこぼれないように……。

子どもというものは、好奇心豊かなものである。実はこの大ヒット曲「上を向いて歩こう」は、私が生まれた時期にもっとも日本中にこだましていた歌だったが、その後、この歌は長きにわたってヒットしていたからだろうか、よくテレビなどで耳にしていた。

幼稚園か小学校低学年の頃、友達とけんかしたのか、転んだのか、親に叱《しか》られたのか、理由はとうに忘れてしまったが、涙があふれ出したときに急にこの歌詞を思い出して、上を向いてみたことがある。すると涙は本当にこぼれてこなかった。その経験は、のちの日吉ミミが歌った「男と女のお話」に続く。

♪ベッドで泣いてると　涙が耳に入るよ……。

やっぱり、気になってやってみた。やっぱり、本当に涙が耳に入った。歌というものは、とても影響力があるのだ。

この歌、「上を向いて歩こう」は数少ない、日本が生んだ世界のヒット曲である。そう「SUKIYAKI」（スキヤキ）だ。

果たして、どうして「SUKIYAKI」と名づけられたのだろうか？

いや、実はアメリカでは「SUKIYAKI」としてヒットしたこの歌、違うお国では「GEISYA」（芸者）というタイトルだって知ってた？

全世界で発売された「上を向いて歩こう」。日本の大ヒットナンバーであることはもちろんだが、これだけ世界に流れた日本の歌もない。だから、文句なくこの歌は日本を代表する、まぎれもないスタンダード・ナンバーなのだ。

昭和36（1961）年10月からNHKのバラエティーショー番組「夢であいましょう」の〝今月の歌〟として、永六輔《えいろくすけ》が作詞し、中村八大《なかむらはちだい》が作曲して発表されたこの作品は、たちまち日本中に轟《とどろ》いた。

この「夢であいましょう」に出演したメンバー、とくに歌手たちは、いわゆるカバーヴァージョン、外国の作品をレパートリーにしている人が多かった。

番組のテーマ曲を歌った坂本《さかもと》スミ子も、ジェリー藤尾《ふじお》も、中尾ミエ、園まり、伊東ゆかりの三人娘も、みなそうだ。

ところがこの番組では、外国曲は一切使わず、そうかといって日本の既製曲も使わず、新しいタイプの日本のオリジナルを、永と中村コンビが続々と作り、ヒットさせていった。画期的な番組だった。

「遠くへ行きたい」「おさななじみ」「こんにちは赤ちゃん」「いつもの小道で」「ウェディング・ドレス」……。風変わりなところでは北島三郎の「帰ろかな」もそうだった。確かに「なみだ船」や「兄弟仁義」など、小節コロコロのサブちゃん演歌には珍しい作品である。

そんな中、シンプルなセットで、にきび面《づら》の坂本九《さかもときゆう》が真っ白な衣装に真っ赤なベストで手に赤い風船を持って、さわやかにそしてときに淋しげな表情を浮かべて歩きながら歌った「上を向いて歩こう」は、放送直後から大きな反響をよび、音楽雑誌「ミュージック・ライフ」でも11月から翌年1月まで3カ月にわたって第1位を記録した。

その日本のヒット曲が、2年後には世界のヒット曲に育ってゆくのである。

1963年6月15日、アメリカのチャート誌「ビルボード」でこの歌がヒットチャートの週間ランキング第1位を獲得。その年の年間ランキングでも第10位をキープ。九ちゃんは日本の坂本九から、世界の坂本九として翔《はばた》いたのである。

のちに数多いアーティストによってカバーされたが、外国人にとって日本の歌といえばこの歌。海外旅行先のレストランや船上クルージングなど、小編成のバンドが入っているときなどは、日本人のツアーだと分かれば、すぐに「上を向いて歩こう」を演奏したり日本語で歌ったりしてくれる。

作詞の永氏に以前、お話を聞いたことがある。私が構成家として日本歌手協会の「歌謡祭」で「夢であいましょう」コーナーを作るため、ゲストで出演していただく永氏と打ち合わせをしたときである。

彼がニューヨークに行ったときの話。バーでピアニストが、「どこが故郷か？」と聞いたので「日本だ」と言ったら、「上を向いて歩こう」を弾《ひ》き出した。「それは自分の作詞だ」と言ったら、そのピアニスト、「君はジョークがうまいな」と言って、酒を一杯おごってくれたそうだ。

それほどにまで世界に浸透していったのには、どんな理由があったのだろうか？

どうしてこの歌は世界に紹介されたのか？

真相はこうだ。実はアメリカに輸出される前、日本で大ヒット中だった１９６２年に、すでにこの歌は、まずフランスに輸出され原題と同じ「UEO　MUITE　ARUKOU（上を向いて歩こう）」で発売された。

注目され、ベルギー、オランダでは「GEISYA　BABY」（芸者ベイビー）で発売された。

外国から見る日本のイメージで代表的なもの、それはフジヤマ（富士山）、スシ（寿司）、芸者というところなのだろう。そしてイギリスで「スキヤキ」と命名され、ヒットするのだが、イギリスでこの歌がヒットしたのは、九ちゃんの歌声ではなかった。いや、誰の歌でもなかった。演奏曲としてヒットしていったのである。

イギリスのデキシーランド・ジャズのトランペット奏者、ケニー・ボールが自分のバンドのインスト曲（インストゥルメンタル。器楽曲）としてこの曲を演奏していた。それを聞いたイギリスのレコード会社の社長が、彼らの演奏をレコーディングし発売することを決めた。

ケニーはちょうどレコーディング直前に最愛の母を亡くしていた。その悲しみをトランペットに込めた。淋しさが、東洋的なメロディーとマッチした。

そして、そのときにつけられたタイトルこそが、なぜか「SUKIYAKI」（スキヤキ）だったのである。では誰がその題名をつけたのか？
そうである。彼が演奏する日本のメロディーがイギリスでもヒットすると予感し、レコーディングさせたパイ・レコード社長、ルイス・ベンジャミンだったのである。彼こそが、「スキヤキ」の名づけ親なのだ。

●全米に響き渡る「キュー・サカモト」の名

ルイスは原題の「UEO MUITE ARUKOU」の長ったらしい日本語を、イギリス人は上手に発音できないだろうと考えた。そして、分かりやすい日本語をタイトルに付けようと考えた。これは「GEISYA」(芸者)のときと同じ発想だ。

そのとき彼の脳裏にひらめいた日本語が「スキヤキ」。実は、彼は仕事で来日したときに食べた「すき焼き」の味が忘れられなかった。自分の好物、ルイスにとって日本といえば思い出すものこそが、「スキヤキ」だったのである。

その斬新《ざんしん》なタイトルとメロディーは、たちまちイギリス国内で火がつき、全英チャートの第10位をキープしたのである。つまりイギリスでは、演奏曲としてこの曲が流行《はや》っていた。そこに目を付けたのが今度はアメリカだったのである。ところが、アメリカのヒットチャートでケニー・ボール楽団の「ＳＵＫＩＹＡＫＩ」はまったく問題にされなかった。

つまり、アメリカではヒットしなかったのである。

でもヒットチャートナンバーワンになったのは、アメリカではないか。どうやって、ヒットしていなかったこの歌が、それも日本語で歌う坂本九のレコードが、発売されるに至ったのだろうか？

そこにはこんな偶然があった。

それはアメリカ・ワシントン州のラジオ局でのこと。その番組でその日、紹介されたのがヒットしていないケニー・ボールの「ＳＵＫＩＹＡＫＩ」だった。その放送を聞いて聴取者のひとり、高校生からディスクジョッキーをつとめるリッチ・オズボーンあてに１枚のレコードが送られてきたのだ。

「『ＳＵＫＩＹＡＫＩ』は、日本のペンフレンドから送られてきたこの曲と同じだと思います」

どれどれ？　と、送付されたレコードを聞くと、まさしく同じメロディーである。

そのとき初めて、アメリカの放送局で九ちゃんの「ＳＵＫＩＹＡＫＩ」が流れた。局に問い合わせが殺到、１９６３年、とうとうアメリカのキャピトル・レコードからこの歌は発売されたのである。

しかしキャピトル側は最初、アメリカで英語以外の歌がヒットした前例がほとんどないことから、坂本九に英語で歌わせようとした。だが、米軍時代に駐日経験のあったＤＪのオズボーンは、そのまま発売したほうが受けるだろう……と、進言。日本語のオリジナルの九ちゃんのバージョンが、そのまま発売され、みごとにそれが的中した。九ちゃんの声と、あのメロディー、そして意味が分からぬ日本語こそが魅力だと説いたという。

ところが、レコードジャケットにタイトルが誤植されてしまう。

なんと、初めて発売されたレコードは、「ＳＵＫＩＹＡＫＩ」（スキヤキ）ではなく、「ＳＵＫＩＹＡＫＡ」（スキヤカ）となっていた。でも、「スキヤキ」は、スペルではまあこうやって書くのかな？　と思われた程度。「ＫＹＵ　ＳＡＫＡＭＯＴＯ」（キュー・サカモト）は、英語で綴られていたが、日本語名として書かれていた字は、坂本九（きゅう）ではなく坂本丸（まる）だった。まあ、そっちのほうもこれでいいのだろう……と疑う余地もなかろう。漢字など見たこともないわけだろうから……。ミスプリなどどこ吹く風、丸ちゃんと書かれたレコードは飛ぶように売れ出した。

６月15日から「ビルボード」誌で３週連続の第１位を記録、「キャッシュボックス」誌では同日から4週連続第1位。「ビルボード」誌においては、英語以外の歌が第1位になったのは、1958年に日本でもヒットしたイタリアのドメニコ・モドゥーニョの「ヴォラーレ」以来、史上2曲目のことだったから、キャピトルが英語で歌わせたかったのも無理はないところだ。

たちまち全米に「キュー・サカモト」の名が轟く。

●大記録を見ずに星になった

大ヒットを受けて、九ちゃんはこの年、昭和38（1963）年8月、キャピトル・レコードに招かれ渡米した。「エド・サリバンショー」と並ぶアメリカのビッグショー番組である「スティーブ・アレン・ショー」に出演すると、さらにアメリカ国内での売上が上昇した。

そのときのエピソード。ロサンゼルス空港に降り立った坂本九を待っていたもの、それは5000人ものアメリカ人たちの出迎えだった。アメリカで今一番売れている「SUKIYAKI」を歌う日本の歌手をひと目見ようと、集まった人々である。その熱気は尋常ではなかった。九ちゃんが尊敬したエルヴィス・プレスリーが飛行場に降りたときも語り草になっているが、それ以上の歓迎ぶりだったという。

「スティーブ・アレン・ショー」で、「何か日本のジョークをやってくれ！」と頼まれた坂本九は、以前映画でやったことのある落語の小咄《こばなし》を披露して大いに受けた。片言の英語が面白かったのか、ちゃんと落語の落ちが分かったからかは、はっきり判明しないが、キュー・サカモトはまさにスターだった。星だった。

翌年に開かれる日本でのオリンピックの注目度も手伝い、とうとうレコード売上は100万枚を突破。オリンピックが開催される5カ月前の1964年5月15日、外国人として初めて「全米レコード協会」のゴールドディスク賞を受賞し、〝世界のキューちゃん〟の名をほしいままにした。

その後、レコードは69カ国で発売され、総売上は1300万枚を超え、世界的なスタンダード・ナンバーとなる。1988年には、アメリカのラジオでのオンエア回数が100万回を突破している。

しかし、その大記録を突破したとき、すでに九ちゃんはこの世にいなかった。本当に星になっていた。

日本を代表する、世界に通じた唯一の歌手、坂本九はその3年前にわずか43歳で亡くなっていたのである。昭和60（1985）年8月12日、520人の生命を一瞬にして奪った日航機の大事故で……。

♪上を向いて歩こう
涙がこぼれないように……。

だけど、涙はとめどなくこぼれた。九ちゃんは日本人にとって誇れる存在である。亡くなって33年。もしあの飛行機に乗っていなかったら、九ちゃんは今、何歳なのだろう？　76歳。まだ76歳なのである。

世界に通じた立派な日本のスターを、私たちはもっと語り続けなければいけない。それは義務でもあるはずなのだ。

誰が詞を書き、曲をつけたのか

琵琶湖周航の歌

加藤登紀子

作詞／小口太郎　作曲／吉田千秋　1971年

●歌い継がれて100年

平成29（2017）年6月30日に「第1回びわ湖音楽祭」が開催された。

プロデュースは加藤登紀子《かとうときこ》だ。

加藤が昭和46（1971）年に「知床《しれとこ》旅情」に次いで歌った歌に「琵琶湖周航の歌」がある。いわゆるディスカバー・ジャパンの波にのって大ヒットした「知床旅情」。この歌は森繁久彌《もりしげひさや》が歌っていた歌を掘り起こしたものだったが、その後「日本全国にはもっと埋もれたいい歌があるはず」と歌ったのが、

♪われは湖《うみ》の子　放浪《さすらい》の……

と歌い出す「琵琶湖周航の歌」だった。

古い歌だった「琵琶湖周航の歌」は、フォーク歌手の加藤が歌うことによって若者たちにも広がった。

平成29年は、その「琵琶湖周航の歌」が作られて100年目だった。

加藤が「100年間歌われてきたこの歌を100年後に残すため」「400万年前に生まれたこの湖を未来に残すため」という思いで、次世代につなぐべく宮沢和史《みやざわかずふみ》やゴスペラーズをゲストに開催した音楽祭だったのである。

この歌は別にレコードのために作られた楽曲ではなかった。それがずっと長いこと生き続けてきたのだ。その歌を100年後にも残そうという企画はすばらしいが、なかなかこの歌は不思議なのだ。

歌の碑がいくつも立てられている。琵琶湖の周辺だけならまだしも、「えっ？　琵琶湖の歌がなぜ違う湖に？」なんていう場所にまで歌碑があるのだ。

さらに、加藤登紀子が発売したときの作詞作曲者の記名が、現在のものと違っている。作詞作曲者が途中で変わっているのだ。何が起こったのだろうか？

この歌は加藤が歌ったとき、すでに京都大学の寮歌として、またボート部の歌として長く歌い継がれていた。加藤がレコードを発売する10年ほど前の「うたごえ喫茶」ブームの際に、ペギー葉山《はやま》やボニー・ジャックスもレコーディングはしているが、「北上《きたかみ》夜曲」や「かあさんの歌」「北帰行《ほっきこう》」など「うたごえ喫茶」で歌われて巷でも大ヒットした歌に比べると、派手なヒットソングには育たなかった。

だから「知床旅情」と同じように、加藤の歌声で知った人々は多かった。

●作詞者はボート部の学生

琵琶湖は面積が670平方メートル、水深96メートルのわが国最大の湖である。

その琵琶湖をボートで周航する旧制第三高等学校（現在の京都大学。略称「三高《さんこう》」）の行事は、明治26（1893）年に始まっている。

三高水上運動部の有志21名が、4艘《そう》のフィックス艇（固定座席のボート）に分乗して、今の滋賀県大津《おおつ》市観音寺《かんのんじ》町の三保ケ崎《みほさき》から出航、2泊3日あるいは3泊4日ほどの行程で琵琶湖を一周する。「琵琶湖周航」は、これがスタートである。

以来百数十年もの間、「琵琶湖周航」はボート部の楽しい年中行事として受け継がれていった。血気《けつき》旺《さか》んな若者たちが厳しい練習と憩《いこ》いの中で歌ったのは、三高の寮歌「紅萌《くれないも》ゆる丘の花」であり、ときには「一高寮歌（嗚呼《ああ》玉杯《ぎよくはい》に花うけて）」「北大寮歌（都《みやこ》ぞ弥生《やよい》）」だったが、何しろ「琵琶湖周航の歌」が断トツだった。

これは大正7（1918）年、三高ボート部部員で調整役をつとめていた小口太郎《おぐちたろう》が、琵琶湖周航の際に作ったもの。

ひとりの学生が作った歌だったのだ。この年の周航は、4泊5日だったたという。

その周航2日目の6月28日の夜、今津《いまづ》（現・滋賀県高島《たかしま》市今津町）の宿で、小口が、

「今日ボートを漕《こ》ぎながら、こんな詩を作った」と、仲間に披露したのが始まり。その仲間が、「小口がこんな歌を作ったぞ」と、みんなに紹介したともされる。

現在の資料によれば、この小口の詩を、当時三高生の間で流行していた歌「ひつじぐさ」のメロディーで歌ってみると、ぴったりと合ったため合唱して、定着したことになっている。

でもそうは、うまくはいかないだろう。

ここに昭和52（1977）年に発行された『うたのいしぶみ　日本歌謡碑大系2　唱歌集』（ゆまにて）という本がある。著者の松尾健司《まつおけんじ》が、小口太郎と同期でやはりボート部の一員だった王子《おうじ》製紙苫小牧《とまこまい》総務部長の岡田徳吉《おかだとくきち》に聞いた話が書かれている。

それによると、小口はそらんじていたイギリス民謡の「ひつじぐさ」の旋律《せんりつ》に合わせて、はめこみで作詞をした。さらに、やはり同期の中安治郎《なかやすじろう》、谷口憲亮《たにぐちけんすけ》も部分的に字句の補正を行なったとしているのである。

この中安が部員全員に「小口がこんな歌を作ったぞ」と、紹介した。

今津の宿で披露された歌詞には、その後補足が加えられており、現在の6番までの歌詞は翌年の大正7（1918）年夏までに完成したとされる。その際に、中安や谷口が補正したのかもしれない。

いずれにしてもボート部の歌が誕生し、それはその後、三高の寮歌、学生歌としても小口太郎作詞作曲の歌として通ってきた。

イギリス民謡とされる「ひつじぐさ」のメロディーにのせて作ったのではなかったのか？

しかしレコードはじめ、日本音楽著作権協会の登録など、なぜ小口太郎作詞作曲となっているのか。小口太郎作曲というのは、何を根拠にしたものだろうか。

前出の本でも「小口太郎作詞、イギリス民謡」とするべきではないのか？　と疑問視している。

その謎はその後、研究者たちが力を入れる箇所になっていく。

「小口太郎作詞作曲として流布しているこの歌の作曲者は、小口太郎ではない」

と、調べ始めたのは昭和4（1929）年に三高を卒業した堀準一《ほりじゅんいち》だった。

加藤登紀子のヒットの最中に「琵琶湖周航の歌」は「ひつじぐさ」という別のメロディ

ーが使われていることを知り、調査を開始。ところが「ひつじぐさ」は、イギリス民謡ではなかった？

その最終段階の答えが出る前の平成3（1991）年に堀は他界した。

この歌は平成になるまで、小口太郎の作詞作曲でまかり通っていたのである。

NHKの元アナウンサー、飯田忠義《いいだただよし》も研究家の一人。彼により、最終的に作曲者の身元が判明したのは、平成5（1993）年になってからのことだった。

そうだったのだ。イギリス民謡「ひつじぐさ」のメロディーは、「琵琶湖周航の歌」のメロディーではなかった。

ではやはり、小口が曲も作っていたのか？

小口は三高卒業後、東京帝国大学（現・東京大学）理学部物理学科に進み、在学中の大正10（1921）年には「有線及び無線多重電信電話法」を発明している。

それが大正11（1922）年6月7日に第四二七八七号の特許をとり、イタリア、ドイツ、フランス、オーストラリア、カナダなどにも特許を出願し、権利を獲得したという天才である。

しかし航空関係をはじめとする学問に情熱を注《そそ》ぎすぎ、極度の神経衰弱により郷里の長野県岡谷《おかや》市に戻り療養。東京府豊多摩《とよたま》郡淀橋《よどばし》町（現・新宿区）の山田病院精神科に入院したが、大正13（1924）年5月16日に、26歳の若さで病院にて自ら命を絶ったというのである。もしもそのまま存命だったなら、ノーベル賞に値する発明や研究を行なったであろうと惜しまれる。

この歌の歌碑が琵琶湖以外にも立っているという話をしたが、実は諏訪《すわ》湖畔に、琵琶湖の歌碑が立っていて驚いたことがある。小口の出身地こそが諏訪湖を望む岡谷だったのだ。だからこの歌の碑が、その場所に立っていたのだ。

さあ、作曲者は小口ではなかったのか？

違う。

しかし、「ひつじぐさ」という歌のメロディーにのせて作ったのは本当だった。でも「ひつじぐさ」とされるメロディーが違ったのだ。

どういうことだ？　よく分からない。

●作曲者が分かった

まず判明した作曲者の名前は、吉田《よしだ》ちあき（千秋）といった。

女性？　いや、男である。ボート部の仲間でも、三高の先輩後輩でもない。小口にとっては見ず知らずの青年である。

明治45（1912）年、大日本農会附属東京農学校（現・東京農業大学）に入学しているから、年齢的には小口の3学年上である。

彼は小さい頃から英語はじめフランス語、ドイツ語、ラテン語、ギリシャ語、ロシア語など外国語を独学し堪能《たんのう》だった。さらに楽器演奏や譜面を書くことも得意だった。家にはハーモニカやヴァイオリンだけではなく、この時代には珍しいピアノまであったという。

後々判明するのだが、父親は『大日本地名辞書』を著《あら》わした歴史地理学者の吉田東伍《とうご》であり、父の弟（叔父）は、文部省唱歌「港」（♪空も港も夜は晴れて……）などの作詞者、旗《はた》野十一郎《のとりひこ》である。

大正時代に入ると、千秋は雑誌に投稿を始める。

イギリスの詩「Water Lilies」を日本語に訳してみた。「Water Lilies」。日本語で言うならスイレンである。そしてスイレンの和名こそが「ひつじぐさ」なのである。

それを大正2（1913）年、雑誌「ローマ字」に投稿、9月号に掲載された。千秋18歳。原作があるとはいえ、翻訳した上に独自の表現方法を織り込んだ七五調の詩はみごとである。

おぼろ月夜の　月明かり
かすかに池の　面《おも》に落ち
波間に浮かぶ　数知らぬ
ひつじ草をぞ　照らすなる

詩を投稿して2年後の大正4（1915）年に今度は、この訳詩した「ひつじぐさ」を歌詞にして千秋は自ら新たなる混声四部合唱曲を作曲したのだ。

それが雑誌「音楽界」の8月号に掲載されたのである。

彼は詩を発表してから曲を付けるまでの2年間、ドイツ語の音楽の本で独学したという。

まだテレビはおろかラジオ放送もない時代。レコードはぜいたく品だったから普及していなかった。しかし、この楽譜付きの雑誌に載せられた「ひつじぐさ」は、全国の音楽好きな学生たちからまた学生にと広まっていったのだ。

これぞ「琵琶湖周航の歌」の、メロディーの元祖にほかならない。

三高水上運動部の艇庫が三保ヶ崎にあった頃、三高には「桜楽会」という音楽同好会があった。その桜楽会の合唱を指導していたのが、大阪の陸軍第四師団軍楽隊楽長補の宮崎《みやざき》利武《としたけ》。宮崎はガリ版刷りの楽譜を自ら配り、熱心に指導した。「ひつじぐさ」も宮崎が配布して、同好会でよく歌われたという。それが一般学生にも広まり、三高の学生たちの人気曲になっていた。それが小口たちにも伝わったことは容易に考えられる。

イギリスの詩が訳されたことでイギリスの民謡と間違われ、この「ひつじぐさ」のメロディーに合わせて、小口はボート部のためだけの替え歌を作ったのだ。

そんなひょんなきっかけで作られた歌が、100年後の今日まで歌い継がれる歌になった。

ではなぜに千秋は、この曲を聞いたときに、

「これは私の作品だ」

と、主張しなかったのか？

確かに口伝《くでん》で歌われたことから、現在発見されている「ひつじぐさ」の譜面と「琵琶湖周航の歌」は多少違っている部分はある。しかし、ほとんど一緒のメロディーだと言って

過言ではないのだ。ボート部の歌が一般的になるのは、一応「うたごえ喫茶」の時代だったが、たとえそのとき耳にしていなくても、少なくとも加藤登紀子のときには、自分の作曲であることに気づいてはいなかろうか?

無理だった。彼はなんと大正8(1919)年、「ひつじぐさ」を発表してから4年も待たずに肺結核のため、24歳で亡くなっていたのである。

彼が音楽雑誌などに投稿した理由は、文学的才能にも音楽的才能にも恵まれていながら、それを発揮できない病《やまい》と戦っていたからだった。

当時、肺結核は死の病だったのである。

すべての経緯が忘れ去られた最大の理由は、作詞者も作曲者もこの歌が歌い継がれることなど知らぬうちにこの世を去っていたことだったのである。

小口太郎と吉田千秋。ふたりはその時分、もちろん面識もなかった。のちの大流行など知る由もなく早逝《そうせい》していたのだ。

あれから100年余。

「100年間歌われてきたこの歌を100年後に残したい」と加藤登紀子が動いた。

「びわ湖音楽祭」開催の前には、京大ボート部OBや地元のスポーツ愛好者、琵琶湖を生《なり》業《わい》の場とする漁業者たちによって住民参加の「なぞり周航」が企画された。

「同時に琵琶湖を通して地球環境を考える。琵琶湖の水を飲んでいる関西一円の人にも、美しさにふれ、一緒に守っていけるきっかけになれば」

と、加藤は話す。

●歌碑が各所にある理由

この歌の碑は、小口太郎のふるさと諏訪湖の釜口水門《かまぐちすいもん》河川公園に、小口の銅像とともに立てられているし、愛知県豊川《とよかわ》市の三河《みかわ》臨海緑地にあるミニ日本列島公園にも立つ。

しかも滋賀県の琵琶湖畔には、大津市の三保ケ崎、舞子浜《まいこはま》はじめ高島市の今津港の桟《さん》橋《ばし》、船着場突端の誘路灯にも詞が刻まれていれば、長浜市の竹生島《ちくぶしま》船着場や彦根《ひこね》港、近江《おうみ》八幡《はちまん》市の長命寺《ちょうめいじ》の境内や港にもある。

なぜにこんなに多いのだろう？

それは歌詞に理由があった。

この歌は1番から6番までの歌詞が付けられている。琵琶湖をボートで回りながら、それぞれの湖岸の様子を歌っているのだ。

つまり6番までの歌詞が刻まれているものもあれば、1番から6番までそれぞれの歌詞だけの歌碑もあるというわけだ。

「この歌の何番がうちの町を歌っている」という競争でもあるのだ。

歌が生まれて100年を記念し、さらに新しい歌碑が立てられた。理由はこう。

今回は滋賀県長浜《ながはま》市公園町の豊《ほう》公園に歌碑が完成した。長浜の地名は、3番の歌詞に、

♪今日は今津か　長浜か……と出てくる。

長浜市では、歌碑は旧びわ町の竹生島にはあるが、旧長浜市地区にはない。そこで市民有志が集《つど》って今回の建立《こんりゅう》を見たのである。

ボートではないが、競争心が、ひとつの歌を大きくさせているのかもしれない。

100年後にも歌える歌を、という情熱がそこにある。

戦地で生まれた民謡入りの歌をジャズ歌手が歌う

南国土佐を後にして

ペギー葉山

作詞／武政英策　作曲／武政英策　1959年

●突然の訃報《ふほう》

その日の昼前に、「知りたくないの」「今日でお別れ」の菅原洋一さんから携帯電話が鳴った。

発信者の名前を見ながら、「どうしたのかな?」と思った。昼前に電話ということは滅《めっ》多《た》にない人だからだ。

「はい先生、おはようございます」と電話に出た。すると急に、

「今、ペギーん家《ち》のお手伝いさんから電話がきたんだけれど、ペギーが亡くなったって言うんだよ」

「えっ?」

「連絡入ってないでしょう?」

「はい」

「本当なのかどうか調べてくれない?」

まだ死去発表のニュースが流れる前のことである。あまりにも唐突だったから、誤報だとしか思えなかった。それでも、うちのマネージャーがペギーさんの運転手を捕まえて、やっとのことでそれが誤報ではないことをつかんだ。しばらくして所属事務所を通じ、各

マスコミに衝撃的なニュースが伝わった。平成29（2017）年4月12日のことである。そろそろ84歳になるのだから、年齢的に「天寿《てんじゅ》を全《まっと》う」と言ってもいいのかもしれないが、「ちょっと足腰が痛いのよ」とか言うことはあっても、ペギーさんは元気だった。同い年《どし》齢の菅原さんが驚くのも当たり前なのである。菅原さんも翌月には一緒のコンサートを控えていたし、実際、私は亡くなった日の3週間後の4月30日にご一緒するスケジュールが決まっていた。

それは古賀政男《こがまさお》音楽博物館開館20周年記念「心を込めて古賀メロディーを歌う！」という催《もよお》しもので、やはり私が構成司会、出演の交渉もしていた。亡くなる前の週には電話を入れ、「ママ（私はペギーさんをこうよんでいた）、今度の古賀先生のときは、何歌いましょうか」とお話ししたばかりだった。

古賀政男といえば、「影を慕《した》いて」であり「湯の町エレジー」であり、美空ひばりの「柔」「悲しい酒」だし、村田英雄の「無法松《むほうまつ》の一生」「人生劇場」というイメージだ。ジャズを得意としたペギー葉山とはあまり結びつかない。

しかし、古賀政男の博物館は古賀が住んでいた住宅跡に建てられたものである。その裏手にペギーの自宅はあった。彼女は亡くなるまでそこに住んでいたのだ。

「主人（俳優の根上淳《ねがみじゅん》さん）がここに住んでいて、私が代々木上原《よよぎうえはら》にお嫁に来たんです。ですから古賀先生とは隣組だったの。マンクラ（明治大学マンドリン倶楽部《クラブ》）の学生さんたちが集まったりすると演奏が聞こえてきて、そのあとおいしそうな焼き鳥のにおいがぷーとしてきてね。よく『ペギーちゃんいらっしゃい』ってお声かけていただきました。子どもが生まれたときにご挨拶に行ったら、『何がいい？　プレゼント』とおっしゃられて、曲をいただいたんです。題名は『天使のための子守唄』というんです」

当時は作曲家も歌手もレコード会社の専属制で、コロムビア専属の古賀政男から得た曲をキングレコードのペギーがレコーディングすることは許されなかった。つまり、隣組同士の祝福として作られただけの歌である。当然、世に出すことは叶わず歌うこともなかった。そのうち譜面も紛失し幻の曲となった。

ところが古賀の生誕100年の平成15（2003）年、ペギーが書棚を整理した際に譜面を発見、権利問題もクリアできる時代になっていたため、アルバムの1曲に収録されたが歌う機会はほとんどなく、今はそのCDも販売されていない。

「でも〝オケ〟はあるから、今回は歌いましょうよ。それを……」

そう約束したのが、最後の会話だった。

あとで聞いた話によれば、4月9日にリハーサルを行なったときに体調がすぐれず、「風邪《かぜ》ひいたかしら?」と翌朝に主治医を訪ねたという。肺炎と診断され、そのまま入院。しかし翌日には自分で食事もとっていたというのに、次の日には天国に召《め》されたというのだ。

信じられない、嘘だろう! と、思うほうが自然だった。窓の外はちょうど桜が散る時期だった。10日ほど前に私が理事をつとめる日本歌手協会の人間たちが数人集まり、靖國《やすくに》神社でのお花見が行なわれた。みたまは1年に一度、桜に姿を変えて戦友たちと集まっているのだ。毎年、ペギーさんの顔があるが、今回は都合で参加していなかった。「ペギー名誉会長は今日ダメなんだ⁉」とみんなで話していた。体調が悪かったのではなく、その日も仕事のスケジュールがあったのだ。つまり最後までペギーさんは、現役のままだった。桜が散るのと同じ時期に、本当に潔《いさぎよ》く、ゴージャスに彼女は逝《い》ってしまったのだ。

●生涯の友人で永遠のライバル、江利チエミ

そんな彼女の代表曲といえば「ドレミの歌」であり「学生時代」だが、その名を国民的

にしたのは何といっても、昭和34（1959）年の「南国土佐《とさ》を後《あと》にして」である。ジャズ歌手だったペギー葉山が歌う民謡入り歌謡は、驚きだったし新鮮だった。それでも「最初っから抵抗しまくった歌。いやでね。やっと歌ってもいいかなって思うようになったのは、ここ何年かのことよ」

この話を聞いたのは、数年前のことである。

なぜにジャズやポピュラー専門だったペギー葉山が、この歌を歌わなくてはならなかったのか？

昭和27（1952）年の「ドミノ」「キッス・オブ・ファイヤー（火の接吻《せっぷん》）」からスタートし、「我が心に歌えば」「町の小さな靴屋さん」「ケ・セラ・セラ」「タミー」「慕情《ぼじょう》」などポピュラーソングを数々発売し、同じレコード会社のキングレコードの江利チエミ、そして同じ曲を何曲も競作したビクターの雪村いづみとともに、「戦後にはジャズが流行《はや》る」の立役者のひとりとして順風満帆《じゅんぷうまんぱん》にスター街道をひた走ったペギー。デビューのときのキャッチフレーズは、〝美貌《びぼう》の歌姫〟。

本人は「看板に偽《いつわ》りあり！　よね」と、よく笑っていたが、昭和29（1954）年には美空ひばり、雪村とともに「紅白歌合戦」に初出場。すでに1年先から出場していた江利チエミとともに、〝三人娘プラスワン〟の勢いで大きな人気を博していた。

キングレコードはこの年、三橋美智也を売り出している。最初こそヒット曲に恵まれなかったが、翌30（1955）年、デビューから7枚目のレコード「おんな船頭唄」で大ブレイク。そこからは三橋時代が到来する。翌年の日本全体のレコード売上数のうちの40％が三橋の作品だった。

「リンゴ村から」「哀愁列車」「お花ちゃん」「夕焼けとんび」「あの娘《こ》が泣いてる波止場」「一本刀土俵入り」などなど、大ヒット曲をどんどん生産する一方で、三橋は全国の民謡をレコードにした。「花笠音頭《はながさおんど》」「相馬《そうま》盆唄」「木曽《きそ》節」などの三橋のレコードは100万枚を突破し、ひとつの民謡ブームになる。

そんな三橋ブームが続く中の昭和33（1958）年、ペギーにとって先輩でありながら年下の江利チエミが高倉健《たかくらけん》との婚約を境に、家庭の人中心で活動することになる。一種の引退表明である。

「チエミは生涯の友人だったけれど、永遠のライバルでもあったわね（笑）。私がデビューする1年前に『テネシー・ワルツ』で彗星《すいせい》のように出てきた14歳の少女。私がデビューの頃はもう下にも置かぬ大スターでね。だけどステージに出たら、こっちは気取って、♪

ド〜ミノ……って歌ってるわけでしょう。発音よく歌うと、♪ダ〜メヨ……なんて聞こえて、客席がわさわさとかしたら〝どうしたの？〟って気になっちゃってね。チエミはそういうときのおおらかさは天下一品。『あいよ〜、どうしたの？』とかって客席をわかせちゃって。遠くのほうから『チエミちゃ〜ん』なんて声かかったら、『は〜い』って手振ったり。その舞台の華やかさややりとりは天下一品でしたね。こっちは年上だけど、いつもいじけちゃって。外国曲のカバー作品がレコード会社に持ち込まれると、まずキングでは何しろチエミが選ぶわけね。『ガイ・イズ・ア・ガイ』『ジャンバラヤ』『ウスクダラ』って」

●民謡がヒット曲に

外国でヒットしている歌を輸入、日本の歌手が日本語も入れて歌ってヒットさせるカバー作品が多かった時期。

古賀政男ら日本の作詞家作曲家は専属性だから、コロムビアの古賀の作品をキングのペギーも歌えなければチエミも歌えない。しかし外国曲はフリー。日本語詞、訳詞を充《あ》てる作詞家が違うだけで、つまり日本語部分が多少違うだけで、外国曲は他社と競作できた。

しかし同じレコード会社内で競作することはないので、チエミとペギーが同じ歌を歌うことはない。まずはキングではチエミに次の曲を選ぶ権利があったわけだ。

「チーちゃんがほとんど派手で明るい歌を持って行っちゃうのね。だから私はどうしても大人っぽいバラード風になるわけよね。『我が心に歌えば』も『シェーン』『愛の讃歌』もこっちに回ってきたわね」

「我が心に歌えば」はビクターのナンシー梅木《うめぎ》、「シェーン」はビクターの雪村いづみとの競作、「愛の讃歌」はコロムビアの越路吹雪《こしじふぶき》、ポリドールの旗照夫《はたてるお》らと競作になった。

ところが高倉健との婚約で、チエミのレコードディレクターが、チエミに民謡や俗曲《ぞっきょく》を引退の思い出に吹き込んでほしいと依頼する。チエミの父は、柳家三亀松《やなぎやみきまつ》の三味線などもやっていた人物である。チエミの外国曲が日本人に受け入れられたのは、どことなく日本調な節回し（こぶし）が入るからだった。それらを引退前にレコードにしてほしいとディレクターが依頼した。「さのさ」や「おてもやん」「三階節《さんがいぶし》」などを入れた「チエミの民謡集」である。

引退記念盤のつもりが、大ヒットして新境地を開いてしまう。三橋にチエミと、キングは民謡のヒットを続々と出すのだ。いや、これは三橋出現前にもキングでは起こっていた。昭和28（1953）年、ペギーがデビューして間もない時期に、戦前から歌っていた林伊佐緒《はやしいさお》が「真室川音頭《まむろがわおんど》」を「ブギ真室川音頭」として、「おこさ節」を「ルンバおこさ節」として大ヒットさせていた。さらに同じ年には、芸者歌手の照菊《てるぎく》が「五木《いつき》の子守唄」「ひえつき節」を大ヒットさせる。

今でこそ、それは民謡として知られる歌になっているが、彼女がレコーディングするまで各々の地域でしか知られていなかった地元の歌だったのである。

ここに三橋が登場し、さらに人気者チエミが「さのさ」。加えてペギーも「よさこい節」。これはキングレコードだったからこそ生まれた発想ではなかったか。

しかしこの「よさこい節」を歌うことになったのは、ひょんなきっかけからだった。

それは昭和33年のこと。NHKの高知放送局が開局することになり、その記念番組として「歌の広場」を生放送することになった。その回のゲストにペギー葉山がいた。

「覚えていますよ。高橋圭三《たかはしけいぞう》さんが司会で、ゲストは私のほかに青木光一《あおきこういち》さん、楠《くすのき》のビンちゃん（トシエ）に、憧れの君だったジェームス繁田《しげた》の4人だったのよ」

実はそのお祝いのために、歌ってほしいと言われていたのが、高知で歌い継がれ、人気のある「南国土佐を後にして」だった。

これはペギーのために作られた歌ではない。戦時中に高知の鯨《くじら》部隊の兵隊たちが歌っていた歌を、戦後の昭和30（1955）年になって、この題名でテイチクから発売されていたものである。歌ったのは鈴木三重子《すずきみえこ》。父の鈴木正夫《まさお》（初代）は戦前からの民謡歌手で「新相馬節」「相馬盆唄」などを歌った名歌手だ。第1回の「紅白歌合戦」にも出場しているが、娘の三重子は「むすめ巡礼」、そして昭和31（1956）年の「愛ちゃんはお嫁に」で一世を風靡して、その年の「紅白」に出場。史上初の父娘出場の記録を作った。

そんな彼女が発売していた歌が「南国土佐～」だった。全国的なヒットにはならなかったが、地元では人気が高かった。

当然、「歌の広場」は、鈴木三重子に出演交渉した。「南国土佐～」だけでなく、四国の88カ所巡りを歌った「むすめ巡礼」のヒットもある。ところがスケジュールの折り合いがつかず、この歌がペギーに回ってきた。

「当時のレコードは78回転のSP盤で、歌っている歌手の顔がレコードに印刷されているのね。〝今回歌ってほしい歌〟としてマネージャーが局から持ってきたレコードには、日本髪を結《ゆ》った歌手の写真がついているわけ。『どうして私がこれを歌わなくちゃならないのよ』とお断わりしたんですが、一応聞くだけは聞いてみようとレコードに針を落としました。聞き終わって『やっぱりだめだ。歌えるはずがない』。こぶしコロコロ入ってて、民謡まで入ってるのよ。やっぱり断わって、断わり続けたんですよ。それなのにあちらさん、どういうわけか聞き入れてくれない。今考えたら、ビンちゃんだったら上手に歌いこなせたはずなのにね？　最終的には『では放送後のアトラクションだったら歌ってもいいですよ』と渋々ＯＫを出したんですよ」

前述のように、この作品は日中戦争の時期、中国に駐屯《ちゆうとん》していた四国出身者たちによる通称〝鯨部隊〟（第40師団歩兵第２３６連隊）の兵隊たちが、野営のときなど、それこそ歌のとおり、♪焚火《たきび》を囲み……ながら、遠く離れた戦地から郷里の高知県を思い出しながら歌った曲だ。

そこにはふるさとの民謡「よさこい節」が挿入されていた。郷土の英雄、坂本龍馬《さかもとりようま》のように「立派な働きをしたい」という思いに駆《か》られながら、皆が心を込めて歌った。当時は「よさこい節と兵隊」とも「南国土佐節」ともされたという。

そこから故国に戻ることができなかった人は多かった。また、絶望と悲しみのどん底に突き落とされながらも故郷に帰った人もいた。いつも戦友と歌ったこの歌は、詠《よ》み人知らずの歌として高知県で歌われ続け、それを戦後10年目にして鈴木三重子が発掘、その原曲を武政英策《たけまさえいさく》が補作、編曲してレコーディングされたわけだ。

戦時中は、ペギーが、♪都へ来てから幾年《いくとせ》ぞ……と歌った部分を、♪中支《ちゅうし》へ来てから幾年ぞ……と歌っていた。中支とは中国大陸の中部、華中のことである。鈴木三重子がレコーディングしたときは、ここを、♪はるばる来てから幾年ぞ……とした。

さらに、ペギーは、♪月の浜辺で焚火を囲み……と歌うが、元々は、♪月の露営《ろえい》で焚火を囲み……で、鈴木のときは、♪月のキャンプで……となっていた。

♪わたしも自慢の声張り上げて……、とのちに歌うことになるが、ペギーがNHKで初めて歌ったときは、鈴木が歌っていたとおり、♪おれも自慢の声張り上げて……だった。

●「よさこい節」を流行らせたのは坂本龍馬だった！

さてちょっと横道にそれたついでに、この「よさこい節」の〝よさこい〟の意味って知っておられるだろうか？

この土佐の民謡「よさこい節」を、徳川《とくがわ》末期の安政《あんせい》の終わりから文久《ぶんきゅう》期（1850年代後半頃から64年）にかけて江戸で大流行させた張本人こそ、なんと！　坂本龍馬だった。

この歌のルーツは慶長《けいちょう》5年というから、西暦1600年まで遡《さかのぼ》らなければいけない。この年、関ヶ原《せきがはら》の合戦の功績によって、家康から土佐国を与えられた山内一豊《やまうちかつとよ》は、土佐藩の初代藩主になる。入国に際して高知城が築城されたが、そのときの工事場の木遣《きや》り唄《うた》が変化したという説がある。

木や石を運ぶときの掛け声「ヨイシャコイ」が訛《なま》って「よさこい」になった。しかしながら、私はもう一つの説のほうを推《お》す。

正徳年間《しょうとくねんかん》(1711〜16年)に全国的に流布《るふ》した歌に「江島節《えじまぶし》」という民謡がある。これが土佐まで流れ着き、後年、土佐でのある事件とともに変化していったという説である。

「江島節」は、江戸城大奥御年寄《おとしより》(女中の元締め)の江島(絵島とも書く)と歌舞伎役者の生島新五郎《いくしましんごろう》が、忍んで逢《あ》っていることが知れ渡り、江島は高遠《たかとお》に、生島は八丈《はちじょう》島へ流罪となった話を題材に作られた。

それが土佐にも伝わり「よさこい」は「夜《よ》さ来《こ》い」、つまり「今夜来い」の〝夜這《よば》い〟の色っぽい意味を持つようになる。

そこにまだ龍馬が土佐にいる時期、土佐で事件が起きる。その事件もまた色っぽい。主役は、僧侶の純信《じゅんしん》と土佐美人お馬《うま》。安政2（1855）年の話である。

高知には、奈良時代に僧の行基《ぎょうき》が中国の五台山《ごだいさん》にならって創建、空海《くうかい》（弘法大師《こうぼうだいし》）が中興したと伝わる五台山竹林寺《ちくりんじ》がある。竹林寺は四国88カ所巡りの31番目のお寺である。

私も開創1200年に当たった平成26（2014）年に詣《もう》でたが、高知の街を一望できる土佐が誇る荘厳《そうごん》な名寺である。「南国土佐を後にして」の歌碑の第一号は、五台山の頂上に立つ。

「はりまや橋にできた新しい歌碑は、つい最近（2012年）でしょう。最初にできたときは五台山まで参《まい》りましたよ。これが、歌碑ができたときの写真よ」

と、ペギーは古い写真を私に見せてくれたことがある。

「あの頃はまだ、鯨部隊の兵隊さんたちもたくさん残っていらしてね。感動的だったことを覚えています。でも山の上ですから眺めはいいんだけれど、遠くってね」

さて、そんな五台山の寺に僧として仕《つか》えていた純信だが、寺の洗濯《せんたく》物などを引き受けていたのがお馬の母親だった。母を手伝って寺に出入りしているうちにお馬と純信の間に恋心が芽生えたのである。お馬は当時17歳の評判の美人だったのにくらべ、純信は37歳、あばた顔の醜男《ぶおとこ》だったというのだ。

しかしながら〝愛があるなら年の差なんて〟、〝あばたも笑くぼ〟とは言ったもの。ところが当時、僧の恋愛、妻帯は許されていなかった。ある日、純信は土佐市中の播磨《はりま》屋《や》橋の南詰東側に出ていた小間物屋、橘《たちばな》屋でこっそりお馬のために髪に飾る花かんざしを買って与えた。

♪土佐の高知の　はりまや橋で　坊さんかんざし　買うを見た……

である。

剃髪《ていはつ》した坊さんに髪かんざしは、いかにも不釣り合い。播磨屋橋は土佐一番の繁華街だ。秘めたる恋愛が表沙汰となって噂になるには時間は要さなかった。いたたまれなくなったふたりは関所を破って藩外に逃亡、讃岐《さぬき》（現在の香川県）の金毘羅《こんぴら》（琴平《ことひら》）で追っ手に捕まり、連れ戻されてしまう。

これには今ではまったく語られなくなったもうひとつの話があり、こちらが実際のいきさつであると言われるものがあることを突き止めた。

実はお馬にかんざしを買って与えたのは、同じ竹林寺の慶全《けいぜん》（慶禅と書くとも）という。ふたりは恋仲だったが、そのうちお馬の心が純信に傾いたため、気を引くためにかんざしを与えた。しかし、それが露見して慶全は寺を追われ、腹いせに「あれは純信が買った」

と周囲に言いふらしたため、評判になってしまったというのだ。

関所破りの逃避行さえしなければ、純信は寺を追われるだけで一生を棒に振ることはなかった。裁判の結果、ふたりは城下の3カ所に計9日間、市中でさらし者にされ純信は藩外追放、お馬は仁淀川《によど》以西に追放され、ふたりの仲は引き裂かれてしまったのである。

かくして〝よさこい〟が、〝夜さ来い〟の夜這い歌になってしまった。

龍馬はその歌を口ずさみながら、ふたたび江戸に出た。

♪お医者の頭に　雀《すずめ》が止まる
　止まるはずだよ藪《やぶ》医者だ　よさこい　よさこい……。

龍馬は料亭などで酒が入ると、必ず「よさこい節」を得意として歌った。さらにこのメロディーに、こうした替え歌の詞を何種類も即興で作り、これが芸者衆に広がって江戸の巷に流れていった。

龍馬がこの「よさこい節」を江戸に広めたため、日露《にちろ》戦争が勃発した明治37（1904）年には、♪よさこいよさこい……の部分を、♪ロシャ（ロシア）こい　ロシャこい……とこれまた替え歌として歌われたという。それが日中戦争のさなかに、「南国土佐節」としてふたたび戦地で「よさこい節」がもてはやされた。

そして時が流れ、戦後。

あの日のペギー葉山、そう、ＮＨＫ高知放送局でこの歌を歌ったその日に話を戻す。

「B面ならば」とレコーディング

〝アトラクションでなら歌ってもＯＫ〟と歌詞とメロディーを覚えて高知に入ったペギーは、台本を見て驚く。

「台本には放送の中で歌うことになっているんです。〝話が違う〟とまた駄々をこねましたが、司会の圭三さん（高橋）が『そんなに深刻に考えなくてもいいよ。何もこぶしコロコロで歌わなきゃいけないんじゃない。ペギーが歌う歌として歌えばいいんだよ』なんておっしゃる。〝他人事《ひとごと》だと思って失礼しちゃうわ……〟とも思いましたが、でも考えてみれば１回きりのことだし、本領の歌ではないんだからそんなにいきりたたなくても、集まってくれる方たちが喜んでくれればいいんだわって、なんだか説得されたんだか納得したんだか、歌うことになったんですよ」

そしてとうとうそのときがきた。

「今日はペギー葉山さんが、特別に地元でおなじみの『南国土佐を後にして』を歌います」

高橋圭三の軽やかな紹介に、客席がどっとわいた。

「ああ、やっぱりやめればよかった」

ペギーは足がすくんだという。しかし前奏が始まり、

♪南国土佐を後にして　はるばる来てから幾年ぞ……

と歌い始めた。

「『よさこい節』のところになって、お客様が手拍子、一緒に歌っている声まで聞こえてくるの。私、それまでジャズしか歌ってなかったでしょう？　その反応があまりにすごくてびっくりしてしまって。これが歓迎されているのか、それとも〝へたくそ、やめろ！〟なのか分からないぐらいなの。まあ盛り上がっていたんですね」

この歌を歌う前に、彼女はヒット曲の「ケ・セラ・セラ」を歌って登場している。そのときとはまったく違う反応、歓声と拍手。

「歌い終わったら『よかった、よかった』ってほかの人たちにも言われたんだけれど、ピ

ンとこなかったわね。それこそ〝終わってよかったよかった〟という感じまでしていたわ」

生放送が終わる頃、各地のＮＨＫには「ペギー葉山の歌ったあの歌は何という歌なのか？」「すばらしかった。もう一度歌ってくれ」などと電話が殺到していた。そしてその大反響は、キングレコードにも届けられた。民謡を得意とする会社にはもってこいの企画である。ちょうど江利チエミの「さのさ」が大ヒット中だった。

しかしペギーは「ちょっと待ってください」と逃げるようにトルコへと出かけた。そこでトルコ土産の歌として、もってきたのが「ドクトル・ジュパヌケ」という曲。この歌をA面にするなら「南国土佐～」を吹き込んでもいいという条件を出した。

「本当に当時はいやだったのね。でも逃げ切れないだろうからと、B面だったらということで引き受けました。でも、あんなにも人生が変わるとは思わなかったわね」

昭和34年4月に発売になったこの歌は、「待ってました！」というように、飛ぶようにレコードが売れ、年末まで２００万枚という驚異的なセールスを上げる結果を生み出した。

その年の「紅白歌合戦」で司会をした中村《なかむら》メイコも、

「あの時代には珍しかったんです。舞台と客席が一緒になって歌うっていうことはね。それがこの歌のときには起こったことをはっきり覚えています。お客様が一緒に、♪土佐の高知の……って手拍子をしながら。ああ紅組勝った！　って思いましたよ」

メイコの予想どおりに紅組圧勝。

歌のおかげで土佐の高知には日本中から観光客が押し寄せた。その数、年間42万人。翌年には56万人、さらに翌36（1961）年には68万人とふくれ上がり、ペギーは高知県から名誉県民を贈られた。

「カツオとか高知の名産品をいつも送ってくださるのよ。よさこい祭りでは審査もやってますよ。何年かは一緒に踊ったわ」

●普及したテレビがスターとヒット曲を生んだ

「南国土佐～」の大ヒット中には、お隣愛媛《えひめ》県の野球チームが、高校野球、都市対抗野球ともに優勝。戦争のため高知に疎開し、そのまま少女時代を過ごした児島明子《こじまあきこ》が、初のミス・ユニバース世界一を射止めるなど、昭和34年は四国大当たりの1年だったが、なんといってもこの年最大の話題は、今上天皇、当時の皇太子と美智子様のご成婚である。皇室に初めて一般家族から嫁ぐということもまた国民の関心を高めたのである。

この〝世紀のご成婚〟はテレビというものを普及させた。結婚式を前にテレビの売れ行きが急上昇したのである。前年暮れには全国家庭の所有者は160万台だったが、3カ月ほどであっという間に倍近い300万台を超してしまった。

おふたりの婚礼の馬車のパレードの模様を、ひと目見たいという国民の思いがテレビ普及のきっかけを作ったのである。

テレビの本放送が開始したのは昭和28(1953)年だが、お父さんの月給が1万円に満たない時代、受像機が30万円もしたというから、しょせん庶民の手に届くモノではなく普及しなかった。

ところが昭和34年、あのご成婚のパレードをひとめ見たい……とテレビが爆発的に売れたのだ。

東京近郊の人間ならば、まだ当日、遠い場所からでも自分の目で見ることができるかもしれない。しかし遠くに住んでいる地方の人間にとって、それもままならない。それはテレビ購入への意欲を高めることになった。

そうである。

戦争が終わった14年前まで天皇陛下は神様と同じ存在だった。いや、神様だった。「天皇陛下万歳！」と叫びながら日本人は、いくさの時代を過ごしてきたのである。神話の時代の昔から綿々《めんめん》と受け継がれてきた「天皇は神様」の考え方は、「人間宣言」をされても強く残っていた。

皇太子のご結婚は日本人にとってすばらしきニュースだった。まさか未来の神様をこの目で見ることができる時代がこようとは……。テレビだったら、それを通してこの目で拝《おが》むことができる……。これがテレビジョン普及の本当の理由である。

そして、ご成婚のパレードのために購入されたテレビから、ヒット曲が、スターが生まれるのである。

かくてその第一号の恩恵を受けた歌こそが、「天皇陛下万歳！」と叫びながら戦ったあの時代に生まれていた「南国土佐を後にして」だったのだ。そしてこの1曲でペギー葉山は国民的歌手に育った。

原曲の作詞作曲者は不詳、武政英策は補作と編曲であることから、やはりこの1曲をめぐって各社競作となった。コロムビアでは島倉千代子《しまくらちよこ》が、ビクターからは和田弘《わだひろし》とマヒナスターズという人気トップの歌手たちが吹き込んだものの、ペギー独走。この当時はヒット曲が生まれると、それにあやかって映画が作られていた。

当然、この歌も日活《にっかつ》で映画化された。主演に抜擢されたのが「渡り鳥シリーズ」で人気が出始めた時期の小林《こばやし》旭《あきら》だった。

小林とペギーを一緒に、歌手協会の「歌謡祭」で「南国土佐～」を歌っていただくと企画し、構成したことがある。

そのとき小林は歌ったあとに、

「この人（ペギー）にはもう頭が上がらないんですよ。私をスターにしてくれた映画こそが『南国土佐～』だったんだから。どうしようもない。それにしてもあの頃はいい女だった」

「何ですか？　あの頃は……って」

「ああすみません」

●たくさんの話を聞かせてくれたママ

ペギーは「南国土佐～」のあとにも、沖縄の「ユンタ恋しや懐かしや」や長崎の「島原《しまばら》地方の子守唄」などの民謡をレコーディングしてヒット曲にしていった。

単なる偶然が、ひとつの歌を生み大きく育てた。そして平成24（2012）年11月3日、はりまや橋公園東側にふたつ目の歌碑が立てられた。

当日の式典にはペギーも出席、立派な歌碑のまわりにはかわいい親子鯨があしらわれ、歌も流れる。私はお遍路《へんろ》で竹林寺に詣でたあとにここを訪れて、そのままペギーに電話を入れ、新しい歌碑の前で写真を写してメールした。

すぐに「ありがとう」と返信がきた。

実はいろんな場面で、仕事をご一緒したあとやコンサートにお花を贈ったとき、ペギーさんからいつもおはがきやメールをいただいた。

「ありがとう。お元気で。また逢いましょう」

歌謡史のことや、童謡の研究を認めてくれて褒《ほ》めてくれ、ほかの人に紹介してくれることがいちばん多かった先輩歌手であり、ママだった。

「だからいろいろとお話ししておくわよ。急に死んじゃったら困るから……」

そんな笑い話が本当になってしまった。

だけど「ドレミの歌」の裏話も、「紅白」の司会のときの話も、デビュー当時の怖《こわ》かった先輩歌手の話もいっぱい話してくれた。198ページに出てきた並木路子がリンゴを配ったシーンもそうだ。

だから今度はペギーさんに聞いた話をもっともっと書かなくてはならない。

まだ私の携帯電話には、ママの番号が入ったままである。亡くなって1年も過ぎたのに、まだ信じられない。電話したら、こう答えてくれる気がしてならない。

「はい。こちらペギー。もしもし……合田君？」

聖子ちゃん、昭和の売上ナンバーワンの歌の謎

ガラスの林檎

松田聖子

作詞／松本 隆　作曲／細野晴臣　1983年

●ポスト百恵の登場

山口百恵という昭和の大スターが、私たちの目の前から消えたのは1980年、昭和55年のことだ。私事《わたくしごと》で恐縮だが、それは私がデビューして、いわゆる○○大賞の新人賞のいくつかにノミネートされていたりした年だ。

百恵の穴埋めをする新人アイドルは誰に？

私と同い年齢《どし》の岩崎良美《いわさきよしみ》がトップを切った。姉は、百恵と同い年齢《どし》の岩崎宏美《ひろみ》。宏美も大スターだったから、良美は最初から「宏美の妹」の肩書を持ってのスタートだった。私たち新人が集まる楽屋でも、プロデューサーやディレクターが良美のそばに近寄って、「お姉さんにお世話になっています」とわざわざ彼女にだけは挨拶《あいさつ》に来た。

この年の大賞、グランプリは五木ひろしの「ふたりの夜明け」対八代亜紀の「雨の慕情」で、この対決は五木の「五」と八代の「八」をかけて〝五八戦争〟と言われたものだ。良美が所属する会社には八代亜紀がいる。

宏美に加え、トップ歌手の八代とも関係する会社からのデビューである。周囲のプロデューサー、ディレクターが良美を特別扱いするのもうなずけるが、当時18歳だった私らほかの新人は「良美ちゃんばっかり……」とちょっと恨《うら》めしく思ったものである。

ポスト百恵として、百恵が所属するホリプロからは、比企理恵《ひきりえ》と甲斐智枝美《かいちえみ》がデビューした。

特に百恵と同じく日本テレビ系の「スター誕生！」からデビューした甲斐智枝美は、17歳になったばかりの6月21日に「スタア」という曲でデビュー、〝ポスト百恵〟の最有力候補と目《もく》されていた。後半の追い上げで新人賞レースに参画したが、ヒット曲が生まれず、次に注目されたのは43歳で自殺という悲しいニュースだった。

さらに百恵が所属したレコード会社、CBS・ソニーから〝第二の百恵〟でデビューしたのが、松田聖子《まつだせいこ》と浜田朱里《はまだじゆり》。百恵のように、陰のある年齢とイコールしない大人っぽさを備えていたのは浜田朱里のほうだったが、みごとに文句なく〝第二の百恵〟の椅子を勝ち取ったのは松田聖子だった。

松田聖子は〝聖子ちゃんカット〟、〝ぶりっこ〟と新しい時代を作りながら、確実にスターの階段を駆け上がっていったのだ。聖子ちゃんカットとはその名の通り、デビュー当時からしていた彼女の髪型のことで、当時の若い女の子はみなこれをまねして、街中にこの髪型が大流行した。

古くはヘップバーンカットや石原慎太郎《いしはらしんたろう》の慎太郎刈りに始まり、橋幸夫の潮来《いたこ》刈り、ビートルズのマッシュルームカット、麻丘めぐみのお姫様カット、清水健太郎《しみずけんたろう》の健太郎カットなど、歌手や俳優の髪型に似せるブームは時代によっていくつか登場したが、この聖子ちゃんカット、昭和56（1981）年の年末に聖子本人がバッサリ切ってショートヘアにすると、今度はまたそれをまねたショートヘアが流行り出すほどだったのだ。

そんな聖子は、数多いヒット曲に恵まれるが、デビュー曲「裸足《はだし》の季節」は、結局2作目以降の大ブレイクで売上枚数を伸ばすことにはなるのだが、発売当初はヒットチャートのベストテンに入らずじまいだった。2作目の「青い珊瑚礁《さんごしょう》」で大スターを約束されたわけだが、これは百恵と同じタイプ。

百恵もまたデビュー曲「としごろ」はそれほどのヒット曲に育たなかったものの、2作目から百恵ブームを巻き起こした。その歌は「青い珊瑚礁」ならぬ「青い果実」。ともに〝青い〟がスターへのキーワードだった。

〝青〟という字は、青春をイメージさせ爽《さわ》やかさも感じさせる。若い、幼さのようなものも感じさせる。「あの子はまだまだ青いからね……」といった感じだ。

百恵は14歳にもかかわらず、「青い果実」「禁じられた遊び」「ひと夏の経験」など、少女が危なげに歌い性的イメージを存分にかもし出す歌でスターへの階段を上った。それに対し、聖子はあくまでも〝かわい子ぶりっ子〟だった。

しかし、ふたりとも10代から恋人の存在、出現が週刊誌ネタにされていた。いずれにしても百恵なきあとの空白を聖子が埋めてゆく。

●不思議な高セールス

聖子の歌の中でレコード売上の歴代ベスト3を見てみると、1位は意外にも平成になってから久々の大ヒット曲になった歌、平成8（1996）年発売の「あなたに逢いたくて～Missing You～」。

では第2位。

昭和時代、聖子ちゃんカット時代でいちばん売れた歌は？

それが「青い珊瑚礁」でも「白いパラソル」でも「赤いスイートピー」でもなかった。

昭和58（1983）年8月発売の「ガラスの林檎《りんご》」なのだ。

前作の「天国のキッス」（83年4月発売）が当時の「オリコン」調べだと47万枚、その前の「秘密の花園」が39万枚（83年2月発売）。

ちなみに「青い珊瑚礁」は60万枚（80年7月発売）、次の「風は秋色」で初のトップワンを飾り79万枚まで売上が跳《は》ね上がる。これが売上ランキング第3位の曲（80年10月発売）。

その後の「チェリー・ブラッサム」が67万枚（81年1月発売）、「夏の扉」が56万枚（81年4月発売）、「白いパラソル」では48万枚と、デビュー曲「裸足の季節」は別として、初めて50万枚を割り込んでしまう。

その後の「風立ちぬ」（81年10月発売）の最中に髪をカットして50万枚に復活させ、「赤いスイートピー」「渚のバルコニー」と50万枚をキープしたものの、後続の「小麦色のマーメイド」が45万枚、「秘密の花園」では39・6万枚と落ち込み、40万枚を切ったのだ。次の「天国のキッス」は47万枚と一応盛り返したものの、すでに彼女の合格ラインは50万枚。あわよくば60万枚にしなければならない。その後の作品として発売になった歌が「ガラスの林檎」だったのである。

これが最終的に85万枚と飛び抜けて売れた。ところが、確かにヒットしたことは認めるが、果たして「赤いスイートピー」より30万枚以上も売れた歌だったろうか？　前作の「天国のキッス」の倍近い売れ方をした歌だったろうか？

ちょっと首をかしげてしまう。

この年の「紅白歌合戦」には、この歌で4年連続出場して、三日月のゴンドラに乗って登場したにはしたが……。

この歌の高セールスには、こんな隠れた理由があった。

「ガラスの林檎」は、「白いパラソル」以来、シングル曲をずっと書いてきた松本隆《まつもとたかし》の詞。作曲は前作「天国のキッス」に続き2作目の細野晴臣《ほそのはるおみ》が担当した。細野はイエロー・マジック・オーケストラ（Y.M.O.）で世界的な人気者になったが、この年に解散している。

当時の聖子のプロデューサーは、細野にこう依頼したという。

「サイモン&ガーファンクルの『明日に架ける橋』（*Bridge over Troubled Water*）のような曲を作っていただきたい」

そうして出来上がったのが、それまでの聖子のキラキライメージと異にしたバラード、「ガラスの林檎」だった。細野は、マンネリを防ぐためにある方法を試《こころ》みた。

前作もそうであったが、完成した歌詞に曲を付ける〝詞先〟がそれまでの曲の作り方だった。だがこのとき細野は曲を先に作り、松本に詞を当てはめてもらうことにした。

ところが、いざ曲を作ろうとして行き詰まってしまう。

結局、いつもどおりに松本の〝詞先〟で曲は作られることになった。

それほどまでにイメージチェンジ、スタンダード・ナンバーをイメージした作品を歌わせることに制作陣も必死だった。聖子のアイドル歌手からの脱皮作戦だった。

実は同じ考えを持つ、聖子と同期のアイドルがいた。聖子と恋の噂も立ったことがある田原俊彦《たはらとしひこ》がこの時点で大人への階段を上るためにと、「さらば…夏」を歌っている。これはポール・アンカに直々《じきじき》曲を頼んだ作品なのである。

田原はこの歌でその年の「日本歌謡大賞」のグランプリを受賞、「紅白」では聖子の相手として歌ったが、その前までアイドルや若手歌手が多く出演する前半戦で歌っていたふたりは、この回から終盤に回る。ふたりの対決のあとが八代亜紀と北島三郎なのだから、そのレベルアップ、成長ぶりは一目瞭然である。

田原もそうであったが、「この時点で聖子をダメにするわけにはいかない」というスタッフそれぞれの真剣勝負とプレッシャーがこの作品を作ったことに間違いはなかった。

●B面の「あのCMソング」が後押し

昭和58年8月1日、とうとう「ガラスの林檎」は発売された。

いつもどおりの動向だった。8月15日付の「オリコン」シングルチャートでは、売上1位を獲得。さあ、どこまでベストテン内に踏みとどまってくれるかが、50万超えのカギである。

粘って粘って8週目まではベストテン内。しかしこの時点で50万枚を超すセールスには届いていなかった。

聖子人気に陰りか？　いやいや、出来としては上々なのだが、チャンピオンにはチャンピオンならではの合格ラインがあるということだ。

そしてそれがひょんなことでクリアされる。このレコードがふたたび売れはじめ、ベストテン圏内に返り咲くという不可思議な現象をもたらしたのだ。

演歌がこうした状態を起こすことは時たまある。しかし、ポップス、とくにアイドルのレコードがチャートから一度落ちたあとに、盛り返すことはほとんど皆無だ。しかしこのレコードはふたたび第1位に返り咲いてゆくのだ。

ここには、こんなからくりがある。このレコードのB面曲、つまりカップリング曲が救いの手を差し伸べたのだ。

聖子の平成の名作バラードといえば、疑いなく「あなたに逢いたくて」だろうが、対して、昭和の名作バラードといえば？　これもすぐに「SWEET MEMORIES《スイートメモリーズ》」という答えが返ってくるだろう。

聖子も自ら、自分の歌の中で好きな曲として挙げ、現在のコンサートやディナーショーにも選曲されることが多い歌である。

なんと「ガラスの林檎」のB面曲として当初入れられていた歌こそ、この歌「SWEET MEMORIES」だったのである。

この曲はその頃、〝サントリーCAN《カン》ビール〟のCMソングに使われていた。登場するのはすべてアニメーションのペンギン。ジャズバーでペンギンの女性が英語の歌詞の「SWEET MEMORIES」を歌う。それを聞きながら、客のペンギンが「泣かせる味じゃん」と言いながら涙する。そのバックミュージックなのだ。

今考えると、これも戦略だったのだろうが、最初は聖子が所属するサンミュージックプロダクションの意向で歌手名のクレジットを出さなかった。当然、歌っている歌手は誰なのか？　が話題になる。

「歌っている新人を自社で使いたいのだが……」とレコード会社2社からCMの制作会社に問い合わせが入ったとか入らなかったとか？　この歌の2番の歌詞は英語だった。

あまりの話題に、しばらくしてCM内に〝唄／松田聖子〟というクレジットが表示された。

「あの歌、『ガラスの林檎』のB面曲だって……」と噂が広がることで、ふたたびじわじわとチャートが上がってゆくのである。

両A面シングルとして新しいジャケットのものが10月20日に発売され、10月31日付のチャートで、なんと11週ぶりに1位に返り咲くのである。

つまりここで新曲が再度発売されたのと同じ操作をしているのだ。「ガラスの林檎」を買っていなかったけれどCMソングで気に入ったファン層を取り込んだ。さらに人気のペンギンのイラストを入れ、聖子の写真を変え、「ガラスの林檎」と「SWEET MEMORIES」の題名の文字を同じ大きさにしたジャケット違いで発売されたものを入手したいファン心理も突き、売上枚数をどんどんと加速させたのである。

作戦は思った以上に当たり、「SWEET MEMORIES」の力でベストテンから落ちないうちに、次作のシングル「瞳はダイアモンド／蒼《あお》いフォトグラフ」の発売時期と重なった。

そのため11月7日付のチャートでは、1位「瞳はダイアモンド」、2位「ガラスの林檎」

という珍事が起こり、その後9週間にわたり同時にベスト10入り。聖子人気は衰《おとろ》えるどころかピークに達する。

なるほど！「ガラスの林檎」のレコードが昭和の聖子の歌でいちばん売れたわけは、B面に「SWEET MEMORIES」が入っていたからだった。聖子はレコード売上がピークを迎えたまま結婚、ある意味で活動を休止したため、実にいい状態でフェードアウトするのだ。

平成になって、ママさん歌手としてミリオンセラーを生むという、計算してできることではない、まるで偶然の産物のような結果は、やはり彼女のスター性、カリスマ性によるものに違いない。

彼は許されたのか。彼女は許せたのか。

償い

さだまさし

作詞／さだまさし　作曲／さだまさし　1982年

●さだまさしと私の出会い

私の歌人生に大きな影響を与えた歌手に、さだまさしがいる。

昭和49（1974）年、吉田正美《よしだまさみ》とのふたりのユニットとして「精霊流《しょうろう》し」で一躍トップスターになったグレープのさだまさしは、フォーク歌手のギターから一変、前奏でヴァイオリンを奏《かな》でてから高音で歌い出すという、それまでにないスタイルで人気を得た。

小学生のときからピアノを習っていた私は、クラシカルでどこか高尚《こうしょう》なイメージを持つさだのフォークソングに衝撃を受けた。昭和50（1975）年の「無縁坂《むえんざか》」をテレビで歌っているのを見たとき、一緒に見ていた父（ノンフィクション作家・合田一道）が「これは現代の『かあさんの歌』だな」と言った。さだを肯定された気がして、なんだかうれしかったことを憶《おぼ》えている。しかしこの歌のあとぐらいに、さだは肝炎を患《わずら》いグレープを解散。グレープには「精霊流し」「無縁坂」、その後ヒットした「縁切寺《えんきりでら》」と暗いイメージがあった。さだに病気はなぜか似合った。

ところが回復してソロ活動を始めたさだは、再デビューの「線香花火」があまり売れなかったこともあり、続く「雨やどり」のブレイクで明るいイメージを植え付けた。

私がさだに初めて会ったのは、高校2年生のときだった。「長崎は今日も雨だった」のところでも述べた長崎放送主催の全国放送「長崎歌謡祭」の北海道代表として出演したときだ。もちろん私は、まだデビュー前である。

そのときの司会が、さだまさしだったのである。運よく優勝した私に向かって、「合田君、どう今の気持ちは?」などたくさん声をかけられて、うれしかった。次の月に私が住んでいた札幌でさだのコンサートが行なわれたときは、楽屋口に出向きコンサートを見せていただいた思い出がある。デビュー後に仕事で長崎放送を訪れた折には、「合田道人君へ　さだまさし」というサイン色紙が置かれていた。大切な宝物になった。

シンガー・ソングライターでデビューした私は、さだのメロディーや詩の世界にどうやって近づこうかと、アルバムを買い漁《あさ》っては片っ端から聞きまくっていたものである。

そんなさだのオリジナルアルバム7作目が、昭和57(1982)年12月11日発売の「夢の轍《わだち》」である。その中に入っていたのが「償《つぐな》い」だった。

シングルカットされていない、6分強もあるこの歌は、テレビやラジオで滅多《めった》に流れることがなかったし、発売当時からさほど大きな話題になった歌でもなかった。ただ聞いているだけで、なぜか不安な気持ちになったり、「しっかりしなきゃだめだぞ!」と自分に言い聞かせたりしたくなるようなメッセージが込められている歌だと思っていた。

その歌が急にニュース報道によりクローズアップされたのは、2002（平成14）年2月のことである。ちょうど私が処女作の『童謡の謎』を発売したときだったから、よく覚えている。

●「なぜ君たちの反省の弁が心を打たないのか」

そのニュース報道は、あらましこんな内容だった。

東京都世田谷区の東急田園都市線三軒茶屋《さんげんぢゃや》駅で前年（2001年）4月、銀行員の男性が殴られ死亡した事件で、傷害致死罪に問われた当時18歳の少年ふたりの判決公判が東京地裁で行なわれ、山室恵《やまむろめぐみ》裁判長は求刑通り、それぞれ懲役3年以上5年以下の不定期刑とする実刑判決を言い渡した。

判決後、閉廷する直前のことである。反省の色が見られない少年ふたりに対し、裁判長は「唐突だが、さだまさしの『償い』という歌を聴いたことがあるだろうか」と切り出した。うつむいたままのふたりに、「この歌の、せめて歌詞だけでも読めば、なぜ君らの反省の弁が人の心を打たないか分かるだろう」と少年の心に訴えたのである。

平成13（2001）年4月28日、東急田園都市線中央林間《ちゅうおうりんかん》行きに乗っていた4人の少年が銀行員の男性に対し、車内で足が当たったと口論の末、三軒茶屋駅（東京都世田谷区）のホームで集団で暴行を加え、くも膜下出血で死亡させるという事件が発生した。暴行した少年のうちのふたりは、男性が亡くなった5月4日に出頭、さらに残りふたりも翌日に出頭。

1年後、とうとう判決の日がきた。

裁判の中で、ふたりは「深くおわびします」と口で反省する一方で、酔っ払った被害者が絡《から》んできた結果の過剰防衛と主張、被害者にスウェットを破かれて激怒したことなどが明かされた。

しかし裁判長は「被害者に命を奪われるまでの落ち度はなかった」と弁護側の主張を退《しりぞ》けたのである。そこで「唐突だが、君たちはさだまさしの『償い』という歌を聴いたことがあるだろうか」と質問を投げかけたのである。

「なぜ君らの反省の弁が人の心を打たないのか」

私は急にあの歌を思い出した。

そうである。過失だったとはいえ、その人の命は二度と戻らない。とっさの判断で遺族の思いまで汲《く》むことなど人間には無理かもしれない。しかし、過《あやま》ちは認め、償わなくてはならない。

この歌は交通事故を起こし人の命を奪ってしまった男性の遺族への「償い」がテーマだった。殺意を持ってわざと起こした事故ではなかった。だがそれで相手の命は、はかなくも消え失《う》せた。

嘆《なげ》く遺族。しかし被害者を殺《あや》めてしまった人間も、また地獄の日々である。何度詫《わ》びても許されることではない。まして口先だけの反省の言葉だけでは到底、許されない。いや、いかなる償いをしたとしても、命は戻らないのだ。

「償い」の主人公である、人を車で撥《は》ねてしまった若者は、亡くなったあと遺族へ、少ない給料から送金を続ける。

山室裁判長は、そのときの少年たちに向かって、これから送金を続けろ！　と言ったわけではない。

人生をすべて投げ出し、謝罪と償いをした「償い」の加害者に比べて、少年らの反省があまりにも口先だけに映ったからだろう。だからこその異例の説諭《せつゆ》だったのだろうと思う。

裁判の中で歌手の名前や曲名を引用することなどは、まず皆無である。

そんなことから当時、「償い説諭」として話題となり、この歌はクローズアップされたのだった。

●さだまさしの知人に起きた悲劇と、その後の物語

この歌は、実話だった。さだはコンサートでもそう語っている。それもさだの知人女性に降りかかった唐突すぎる悲劇を歌にしたものだと……。

定年を迎えた夫と静かに暮らしていこうとしていた矢先に、夫が車に撥ねられ死亡するのだ。二度と目を開かない夫を目の当《ま》たりにして悲しみに打ちひしがれ、憤《いきどお》りを秘めた彼女の足下に、土下座して謝罪する加害者の若い男性。妻は泣きながら「人殺し！」と罵《ののし》る。

それから加害者の男性は毎月、賠償金を郵送してきたという。添えられた手紙の文字を見るたびに、亡き夫を思い出してはつらさがつのる。

「もうお金は送ってくれなくていいです」と手紙を書いたが、翌月以降も送金は続けられ

た……。

あえて全歌詞をここに記したい。

被害者の妻の話からこの歌は作成されたわけだが、歌の中でさだは、実際には会ったことのない加害者の同僚、友人の立場として歌詞を書いている。

「償い」　さだまさし

♪月末になると　ゆうちゃんは薄い給料袋の封も切らずに
必ず横町の角にある郵便局へとび込んでゆくのだった
仲間はそんな彼をみて　みんな貯金が趣味のしみったれた奴だと
飲んだ勢いで嘲笑《あざわら》っても　ゆうちゃんはニコニコ笑うばかり

僕だけが知っているのだ　彼はここへ来る前にたった一度だけ
たった一度だけ哀しい誤ちを犯してしまったのだ
配達帰りの雨の夜　横断歩道の人影に

ブレーキが間にあわなかった　彼はその日とても疲れてた
人殺し　あんたを許さないと　彼をののしった
被害者の奥さんの涙の足元で
彼はひたすら大声で泣き乍《なが》ら
ただ頭を床にこすりつけるだけだった

それから彼は人が変わった
何もかも忘れて　働いて　働いて……
償いきれるはずもないが　せめてもと
毎月あの人に仕送りをしている

今日ゆうちゃんが僕の部屋へ　泣き乍ら走り込んで来た
しゃくりあげ乍ら　彼は一通の手紙を抱きしめていた
それは事件から数えてようやく七年目に初めて
あの奥さんから初めて彼宛に届いた便り

「ありがとう　あなたの優しい気持ちは　とてもよくわかりました
だから　どうぞ送金はやめて下さい
あなたの文字を見る度《たび》に　主人を思い出して辛《つら》いのです
あなたの気持ちはわかるけど　それよりどうかもう
あなたご自身の人生をもとに戻してあげて欲しい」

手紙の中身はどうでもよかった　それよりも
償いきれるはずもない　あの人から
返事が来たのが　ありがたくて　ありがたくて
ありがたくて　ありがたくて　ありがたくて……

神様って　思わず僕は叫んでいた
彼は許されたと思っていいのですか
来月も郵便局へ通うはずの
やさしい人を許してくれて　ありがとう

人間って哀しいね　だってみんなやさしい
それが傷つけあって　かばいあって
何だかもらい泣きの涙が　とまらなくて
とまらなくて　とまらなくて　とまらなくて……

何も言うことはない。いや、できない。どちらの立場であってもつらい。もし同じ立場に立ったら自分はどうして償うことができるのだろうか？

実際には後日談があり、女性は茶道の師範として経済的にも暮らしていけるようになったというが、彼からの送金は続いたという。

せめてこの歌を肝《きも》に銘《めい》じて生きていきたいと思う。車社会の世の中、決してこれは他人《ひと》事《ごと》ではないのだ。いつ自分にも降りかかってくるかもしれない。それは加害者なのか、被害者なのかも分からない。

●「許す」ということ

埼玉県交通教育協会が制作した映画「悲しみは消えない～飲酒運転の代償～」は、この歌をオープニングとエンディングに使っている。さらに免許証の更新の講習会でも流れる。

うちの事務所のスタッフも先日更新のとき、この歌を聞いたという。

「新しい免許の交付の前にこの歌を聞いたんだけど、怖いというか不安になって、歌を聞いてるうちに涙あふれちゃって困ったよ。自分もいつそうなるかも分からないんだなあって。普通は誰も交通事故を起こしたくて運転していない。車は〝走る凶器〟って言うけど、頭では分かっていても実感はなかった。この歌聞いて、実感したね。人生が狂ってしまう。運命という言葉だけでは片付くわけがないものね。涙目のときに急に電気がついて〝では、新しい免許をお渡しします〟って。あんときはちょっと慌てたよ」

胸に刺さった。

♪人間って哀しいね　だってみんなやさしい……

本当に「ゆうちゃん」は、許されたのだろうか？
本当に「奥さん」は「ゆうちゃん」を許せたのだろうか？
さだは著書『さだまさし　夢のかたみに』（新潮文庫）に、この楽曲に関連して次のような引用をしている。

山本周五郎の『ちくしょう谷』より
ゆるすということはむずかしいが、もしゆるすとなったら限度はない――
ここまではゆるすが、ここから先はゆるせないということがあれば、それは初めからゆるしていないのだ――

許されたのか、許せたのかは疑問だけれど、この歌が描き出す物語を実体験することなく生きていけたら……。そう思わずにはいられない。そう、僕もあなたも……。

切りとり線

★読者のみなさまにお願い

この本をお読みになって、どんな感想をお持ちでしょうか。祥伝社のホームページから書評をお送りいただけたら、ありがたく存じます。今後の企画の参考にさせていただきます。また、次ページの原稿用紙を切り取り、左記まで郵送していただいても結構です。

お寄せいただいた書評は、ご了解のうえ新聞・雑誌などを通じて紹介させていただくこともあります。採用の場合は、特製図書カードを差しあげます。

なお、ご記入いただいたお名前、ご住所、ご連絡先等は、書評紹介の事前了解、謝礼のお届け以外の目的で利用することはありません。また、それらの情報を6カ月を越えて保管することもありません。

〒101-8701（お手紙は郵便番号だけで届きます）
祥伝社新書編集部
電話03（3265）2310
祥伝社ホームページ　http://www.shodensha.co.jp/bookreview/

★本書の購買動機（新聞名か雑誌名、あるいは○をつけてください）

＿＿＿＿新聞の広告を見て	＿＿＿＿誌の広告を見て	＿＿＿＿新聞の書評を見て	＿＿＿＿誌の書評を見て	書店で見かけて	知人のすすめで

★100字書評……昭和歌謡の謎

名前
住所
年齢
職業

合田道人　ごうだ・みちと

1961年、北海道釧路市生まれ。(社) 日本歌手協会常任理事、(社) 日本音楽著作権協会 (JASRAC) 正会員。1979年、高校在学中にシンガー・ソングライターとしてデビュー。その後、音楽番組の構成、司会、CD 監修解説に加え、執筆、作詞作曲など多方面で異才を発揮する。
2002年、『童謡の謎』(祥伝社) を発売。同シリーズは11作を数えるベストセラーに。各地で「合田道人童謡なぞなぞコンサート」や「NHK 青春の歌声コンサート」を開催、人気を博している。日本歌手協会「歌謡祭」では、そのうんちくを生かした司会ぶりが好評。また『紅白歌合戦の真実』(幻冬舎) を上梓するなど「紅白博士」としても知られ、古賀政男記念博物館で「合田道人このひと、歌暦」を開催している。他の著書に『神社の謎』シリーズ (祥伝社) がある。

詞《し》と曲《きょく》に隠《かく》された物語《ものがたり》

昭和《しょうわ》歌謡《かよう》の謎《なぞ》

合田道人《ごうだみちと》

2018年 5 月10日　初版第 1 刷発行

発行者……………辻 浩明
発行所……………祥伝社《しょうでんしゃ》
〒101-8701　東京都千代田区神田神保町3-3
電話　03(3265)2081(販売部)
電話　03(3265)2310(編集部)
電話　03(3265)3622(業務部)
ホームページ　http://www.shodensha.co.jp/

装丁者……………盛川和洋
印刷所……………萩原印刷
製本所……………ナショナル製本

Printed in Japan ISBN978-4-396-11537-1 C0295

〈祥伝社新書〉
歴史に学ぶ

366
はじめて読む人のローマ史1200年
建国から西ローマ帝国の滅亡まで、この1冊でわかる！
早稲田大学特任教授 本村凌二

361
国家とエネルギーと戦争
日本はふたたび道を誤るのか。深い洞察から書かれた、警世の書！
上智大学名誉教授 渡部昇一

379
国家の盛衰
3000年の歴史に学ぶ
覇権国家の興隆と衰退から、国家が生き残るための教訓を導き出す！
渡部昇一
本村凌二

460
石原莞爾の世界戦略構想
希代の戦略家であり昭和陸軍の最重要人物、その思想と行動を徹底分析する
日本福祉大学教授 川田 稔

528
残念すぎる朝鮮1300年史
古代から現代までこの半島は何も変わらない。通説のウソを暴く！
東洋史家 宮脇淳子
憲政史研究家 倉山 満

〈祥伝社新書〉
昭和史